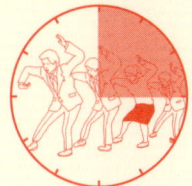   

2人から100人でもできる！

QUICK TEAM-BUILDING ACTIVITIES
FOR BUSY MANAGERS

# 15分で<br>チームワークを<br>高めるゲーム39

［著］ブライアン・コール・ミラー　［訳］富樫奈美子

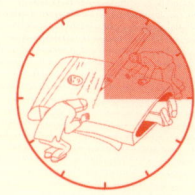   

QUICK
TEAM-BUILDING
ACTIVITIES
FOR
BUSY MANAGERS

2人から100人でもできる！
## 15分で
## チームワークを
## 高める
## ゲーム39

ブライアン・コール・ミラー 著

富樫奈美子 訳

# はじめに

### 所要時間は15分以内

　忙しいマネジャー（およびチームメンバー）に、チームワーク構築のために何時間も費やしている余裕はありません。そこで、簡単で効果が確実に上がるゲームを活用しましょう。本書で取り上げるゲームは、話し合いの時間を含めて15分以内で完了できます。

　果たして15分以内のゲームで本当に効果があるのでしょうか？　答えはイエス。もちろん、長年の問題はそう簡単に解決されませんし、長年対立してきた者どうしが親友になることもないでしょう。大きな障害が取り除かれるわけでもありません。しかし、チームが抱える重要な問題が浮き彫りになる、初対面どうしが知り合うきっかけとなる、チームの規範が確立される、考えを確認できる、仲間意識が高まるといった効果があり、最終的にはチーム強化につながります。

### わずかな道具でできる

　各ゲームに必要なものは、わずか（あるいはまったく不要）です。ゲームの半数以上は、筆記用具と紙だけあればできます。それ以外に必要なものは、クリップ、カラーペン、硬貨など、職場ですぐ見つかるようなものばかり。トランプ、パズルなどの特殊な道具が必要なゲームはごくわずかです。本書を片手にミーティングに臨めば、その場ですぐに実行できるものもあります。

## ゲームの目的

各ゲームには具体的で明確な目的があります。本書で取り上げているのは、もちろん楽しめるものばかりですが、楽しむことが主な目的ではありません。ゲームはそれぞれ、メンバーがチームとしてまとまることを目的として考案されています。

## ゲームの成果

スタッフとともにチームワークを構築していくことは、楽しく、やりがいのある、生産的な活動です。スタッフが重要なことを学び、創造性を発揮していく様子は、非常にエキサイティングといえます。そのことを忘れずに気を長く持てば、ゲームを行ったのが数回だったとしても、大きな成果を得ることができるでしょう。

# CONTENTS

はじめに ...... 002

# PART 1 準備編

準備編について ...... 008

## CHAPTER 1　ゲームを成功させるための7つのステップ

- STEP 1　チームに適したゲームを選択する（ゲーム前）...... 012
- STEP 2　ゲームの準備をする（ゲーム前）...... 014
- STEP 3　ゲームについて説明する（ゲーム中）...... 016
- STEP 4　始める前に理解しているか確認する（ゲーム中）...... 018
- STEP 5　ゲームを実行する（ゲーム中）...... 020
- STEP 6　ゲームの感想を聞く（ゲーム中）...... 022
- STEP 7　学習内容を仕事にフィードバックする（ゲーム後）...... 024

## CHAPTER 2　ゲームで発生する可能性のある8つの問題

- 問題 1　参加したくない人がいる ...... 028
- 問題 2　指示が理解されない ...... 030
- 問題 3　道具が壊れた、使えない、足りない ...... 032
- 問題 4　過度に競争心を燃やす人がいる ...... 034
- 問題 5　メンバーが感想会で発言しない ...... 036
- 問題 6　感想会が特定の人の一人舞台になる ...... 038
- 問題 7　感想会が制御不能になる ...... 040
- 問題 8　ゲームで学んでほしい事柄が理解されない ...... 042

# PART 2　実践編

実践編について …… 046

## CHAPTER 3　初対面のメンバーが親しくなるゲーム

01　配られた硬貨の発行年に、自分に起こった出来事を話すゲーム …… 050
02　自分が好きなことを順番に話していくゲーム …… 052
03　指示したカテゴリーの順にすばやく整列するゲーム …… 054
04　お互いの共通点と相違点を発見するゲーム …… 056
05　キャンディの色に割り当てられたテーマで自分のことを話すゲーム …… 058
06　典型的な1日の過ごし方をお互いに教え合うゲーム …… 060
07　噂を書き合い、だれがそれを書いたのかを当てるゲーム …… 062
08　自分を宣伝するポスターを作成するゲーム …… 064

## CHAPTER 4　チームが盛り上がって活性化するゲーム

09　輪になってボールをパスし、1周するタイムを縮めるゲーム …… 068
10　リレー形式で次々とカードを渡していく速さを競うゲーム …… 070
11　お互いにスプーンでポップコーンを食べさせ合うゲーム …… 072
12　長いロープを使って、全員で星の形をつくるゲーム …… 074
13　全員が同時にゴールラインを踏むよう協力するゲーム …… 076
14　ランダムなカードの山をできるだけよい配列にするゲーム …… 078
15　最初に動いた人を探し、その責任を問うゲーム …… 080
16　ひと言ずつ言葉をつなぎ、全員でストーリーをつくっていくゲーム …… 082

17 シャッフル後の新聞を番号順、またはページ順に並べるゲーム …… 084
18 チームにとって重要なことをお互いに共有し合うゲーム …… 086
19 額につけたラベルどおりにお互いを扱うゲーム …… 088
20 クレヨンを使ってチームの多様性を表すゲーム …… 090
21 メンバーが自分の長所を語り合うゲーム …… 092
22 仕事に関するアイテムでチームに対する自分の貢献を表すゲーム …… 094
23 アルファベットをZから逆に唱えるゲーム …… 096

# CHAPTER 5 チームに交渉力・創造力がつくゲーム

24 2枚の硬貨をめぐって交渉し合うゲーム …… 100
25 4つに切断したカードをチーム間で交換して完全なカードにするゲーム …… 102
26 賛成でも反対でも、相手の意見をじっくり聞くゲーム …… 104
27 目をつむって、指示通りに紙を折っていくゲーム …… 106
28 中古洗濯機を売るためにいろいろな方法を考えるゲーム …… 108
29 「〜ですが」ではなく「〜なので」でフィードバックするゲーム …… 110
30 お互いに口をきかずに、理想の職場環境を描くゲーム …… 112
31 はっきりした目的を持たずに席順をすばやく改善するゲーム …… 114
32 仕事上の問題の対処法をお互いにアドバイスするゲーム …… 116
33 雑誌からピックアップした人物についての第一印象を決定するゲーム …… 118

# CHAPTER 6 変化に負けないチームをつくるゲーム

34 それぞれが克服した仕事上の失敗について話し合うゲーム …… 122
35 カードを使って、できるだけ高いタワーをつくるゲーム …… 124
36 写真をばらばらに切り、新しい絵をつくるゲーム …… 126
37 自分の番号を指示されたときに他の番号を反射的に答えるゲーム …… 128
38 パズルを組み立てるルールが作業の途中で変更されるゲーム …… 130
39 普段ものを書くときに使わないほうの手で絵を描くゲーム …… 132

QUICK
TEAM-BUILDING
ACTIVITIES
FOR
BUSY MANAGERS

# PART 1
## 準備編

# 準備編について

ゲームを行う前に、まずはPART 1の2つの章を読んでください。
CHAPTER 1では、効果的にチームワークを高めるゲームの実行方法を7つのステップに分け、ゲーム前、ゲーム中、ゲーム後という3段階で説明します。

### ゲーム前（STEP1、2）

チームにとって、どのゲームを行うのがいいかを決める方法について説明します。また、ゲームを計画および準備する方法についても説明します。

### ゲーム中（STEP3～6）

明確な指示を出す方法、メンバーの興味を引く方法、何をどのように行うべきかをメンバーに確実に理解してもらう方法など、ゲームを成功に導くために必要なことを説明します。また、ゲーム中にマネジャーがとるべき行動についても説明します。さらに、ゲームで最も重要な「感想会」の進め方についても触れます。感想会は、メンバーがゲームでの行動と実際の仕事での行動を結びつける機会です。このステップを省略すると、ゲームを行わなかったのと同じことになってしまいます。

### ゲーム後（STEP7）

ゲームで学んだことが仕事の場で生かされるようにする方法、ゲームの効果を確実にする方法について説明します。

CHAPTER 2では、ゲームで発生する可能性のある問題を8つあげ、その原因と対策について説明しています。発生する可能性のある問題は、次の形式で示されています。

### 問題
発生する可能性のある問題や懸念事項。

### あなたが遭遇する事態
この問題が発生していることを示すチームの状態。

### 主な原因
このような問題が発生する一般的な原因。問題の発生を回避する行動をとったり、問題をより効果的に処理したりできるのは、原因が分かっているときだけです。

### この問題を回避する方法
最初から問題が発生しないようにするためのヒント。

### それでも問題が発生した場合
ベストを尽くして問題の発生を回避しようとしたにもかかわらず、問題が発生してしまった場合の対処方法。

# CHAPTER 1
# ゲームを成功させるための7つのステップ

# チームに適したゲームを選択する（ゲーム前）

## 1 はっきりとした目的を持つ

チームに学ばせたいこと、達成させたいことは具体的に何かをはっきりさせる必要があります。目的は次のようなものにすること。

- チームによって達成可能なもの
- チームの現状と関連があり、適用できるもの
- ゲームの後もチームの力を強化し続けるもの

## 2 ゲームを、数多くある小さなステップのうちの1つとして位置づける

信頼関係が一足飛びに構築されることはまずありません。チームワーク構築にも段階を踏む必要があります。

## 3 目的を本書のゲームと照らし合わせて、期待する成果を上げるものを選ぶ

目的に合うものがいくつかある場合は、今回はどれか1つを行い、他のゲームは別の機会に行います。

> はっきりとした目的がなければ、最高のゲームも最悪のゲームになってしまうことがある。楽しいことをして過ごしたいなら、ただの室内ゲームを楽しめばよい。しかし、チームの力を高めたいなら、きちんとした結果をもたらすゲームを選ぶ必要がある。

### [競争について]

　競争を取り入れることで、メンバーのやる気と、そしてより積極的な行動を引き出すことができます。ただし、競争を取り入れただけで、すべてのメンバーがベストな結果を出せるとは考えないこと。メンバーが萎縮したり、落胆したり、メンバーどうしの対立関係が生まれたりすることもあるからです。競争レベルをどれくらいにするかを決めるのはあなたであり、そのため「悪者」になるリスクも負うことを忘れずに。ゲームの目的に照らし合わせ、競争を取り入れる正当性をはっきりさせたうえで、実際に取り入れるかどうかを慎重に決定しましょう。その際、次の点を考慮すること。

- チーム内の今の競争レベル
- メンバーが負けたときの感情の問題
- メンバーが相手に与える脅威の度合い、または相手から感じる脅威の度合い
- チームのメンバー間の対立を和らげるあなたの能力

# STEP 2 ゲームの準備をする（ゲーム前）

## 1 ゲームの説明を数回読む

何が、いつ、なぜ、どのように起こるのかを明確に理解します。ゲームが成功するイメージを思い描くとよいでしょう。

## 2 用意するものをすべて入手する

使用する道具がきちんと機能を果たすかどうかをチェックします。たとえば、硬貨の発行年が判読できるかどうか、カラーペンのインクが切れていないかどうか、トランプのカードがすべてそろっているかどうかなど。思い込みは禁物です。万一の場合に備えて、常に余分に用意すること。

## 3 ゲームを開始するときに話す内容を練習する

最も良い方法は、友人や同僚にゲームについて説明してみることです。説明を聞いた人が理解できない場合は、理解されるように説明する方法を探しましょう。

## 4 ゲームで果たすべき役割がある場合は、コメントや動作を練習する

練習しておけば、ゲーム時にそれほど緊張せずにすみます。また、リラックスして、より重要な事柄（メンバーの反応や学習状況、あなた自身の所見など）に集中できるようになります。

事前の計画と準備に時間をかけたからといって、成功が保証されるわけではないが、失敗を回避するためには必要である。ゲームの効果は、あなたが自信を持ってゲームを行ったときに最も発揮される。

## 5 場所を設営する

　机、椅子など、ゲームが行いやすいように配置されていることを確認します。通常、教室のように椅子が列状に並べられている配置は、チームワークを高めるゲームには最も適しません。円形またはU字型の配置、あるいは机ごとに小さなグループをつくれるような配置などにしたほうがよいでしょう。なお、ゲームを行うために机や椅子、スペースが必要な場合は、その旨が指示されています。

## 6 ゲームのルールやステップが多い場合は、あらかじめ書き出し、ゲーム時に全員が確認できるように壁に貼り出す

## 7 発生する可能性のある問題を予期する

　自分の位置から見たとき、チームがゲームをどのように行っているかイメージしましょう。どんな問題が発生する可能性があるかを予想し、問題の発生を回避する対策をとるとともに、問題が発生した場合の解決策を練ります。一般的な問題とその回避方法および対処方法は、次の章で説明されています。

# STEP 3 ゲームについて説明する（ゲーム中）

## 1 ムードをつくる

熱意と明るい雰囲気でチームを迎えましょう。「チームで物事に取り組むのって楽しい！」ということをまず伝えるのです。微笑みと温かいコメントだけでも、これからすばらしい時間を過ごすのだということは伝わります。

## 2 ゲームの内容を説明する

計画したゲームの概要を短く説明して、チームの興味とやる気を駆り立てます。

## 3 ゲームの目的を説明する

これからの15分間で達成したいと思っていることをチームに伝えます。ゲームの目的を理解すればするほど、チームはあなたが学んでほしいと思うことを積極的に学ぶことができます。ただし、前もって目的を説明するとインパクトが失われるゲームがいくつかありますから、そのようなゲームの場合は、数分後には目的が明らかになることを伝えましょう。感想会（ゲームの直後に行うディスカッション）では、その目的を必ず話すようにします。

## 4 ゲームのルールまたは手順を説明する

本書やメモを取り出して読み上げたり、壁にルールや手順を貼り出したりします。ゆっくりと、1つずつ区切りながら説明しましょう。準備する側とは異なり、メンバーには、ゲームの説明を何度も読み返す時間がないことを忘れずに。通

> ゲームを行う理由を知っていたほうが、より積極的に活動に参加できる。また、メンバーが前もってルールを把握しているとき、自分たちに期待されていることがはっきりと分かっているときも、積極的に参加するだろう。

常、ゲームの説明をすべて終えてから、メンバーの質問に答えるほうが楽です。

## 5 説明をしながら、メンバーにゲームの手順を進めてもらう

たとえば、ゲームの最初の手順が「チームに分かれる」ならば、次の手順を説明する前に、チームに分かれてもらいます。

### ［チームの人数について］

ほとんどのゲームでは、各チームの人数にばらつきがあっても問題ありません。まったく同じ人数に分かれる必要がある場合は、余ったメンバーに「オブザーバー」の役割を割り当てるとよいでしょう。オブザーバーとは、他のメンバーの行動を静かに観察する役割です。感想会では、オブザーバーの独自の見解を発表してもらいます。

### ［ペアについて］

ペアになる必要があるゲームの場合は、あなたが参加して不足を埋めます。メンバーが奇数の場合は参加し、偶数の場合は観察します。

##  道具はゲームの説明が全部終わってから配布する

そうしないと、メンバーの注意が道具のほうにそれ、重要な点を聞き逃す危険性があるからです。説明の前に道具を配るのは、そのほうがメンバーが理解しやすいと思われる場合だけにしましょう。

# STEP 4 始める前に理解しているか確認する（ゲーム中）

## 1 チームがゲームについて理解していることを確認する

「分かりましたか？」とたずねても、本当に理解しているかを確認することはできません（みんなの前でこの質問に「いいえ」と答えたい人などいるでしょうか？）。それよりは、「何か質問はないですか？」とたずねたほうがよいでしょう。

　チームが理解していることを確認する最も良い方法は、ゲームのルールや手順を復習させる質問をすることです。たとえば「この作業の制限時間は何分ですか？」など。

## 2 勝者を決定するゲームでは、全員が勝ち負けの基準を理解していることを確認する

「勝ちはどのように決まりますか？」などの確認の質問をします。引き分けのときでも順位をつける必要がある場合は、順位の決定方法を説明しておきましょう。

一般的に、よく分かっていないときはなかなか質問できないものだ。こちらから簡単な質問を根気よく行って確認をしていけば、間違った解釈を正すことができる。勝ち負けの決定方法についても、ここできちんと確認しておくとよい。

## 3 勝敗について意見が食い違ったときには、あなたが最終的な審判を下すことを最初に明言しておく

「勝ったのはだれか」と論争することは、望ましくないことであるとともに、ゲームの真の目的が失われかねません。

## 4 全員がゲームを理解し、準備が整ったら、「始める前に聞いておくことは他にありませんか?」と最後の質問をする

## STEP 5 ゲームを実行する（ゲーム中）

### 1 ゲームが始まったら、メンバーが手順またはルールに従っているかどうかに注意する

　間違った手順で行っていても、修正するのはしばらく待ちましょう。メンバーが自分たちで気がつくこともあります。気がつかない場合は、徐々に正しい方向に戻していきます。

### 2 メンバー全員を励まし、サポートする

　特に、最初にゲームを実行する人には感謝を示しましょう。多くの人にとって、一番手になるのは怖いこと。一番手になって決まりが悪い思いをしたり、失敗したりする危険を冒すのは勇気がいるのです。

### 3 手順を明確にしたり、チームの方向性を修正したりできるようにしておく

　適切な場合は、静かに巡回し、チームの成功を手助けする機会を探ります。ただし、チームの作業を自分が代わりに行ってしまわないように注意すること。

> 仕事の失敗から学ぶ代わりの手段がこれらのゲームであり、実際に仕事で失敗するよりもリスクが小さい。また、経験型のレッスンは講義型のレッスンより学習効率が高い。気を楽にしてメンバーの様子を観察し、チームに学習経験を与えよう。

## 4 ゲーム中は常に、後の感想会で提起する内容を探す

忘れないようにメモに書き留めてもかまいません。

## 5 時間制限のあるゲームでは、ときどき残り時間を伝える

たとえば、「あと2分です」など。

## 6 本当に制御不能な状況にならない限り、ゲームを中止しない

それ以外の場合は、そのまま続けさせます。学んだ事柄についてコメントする機会は、感想会のときにたくさんあるからです。

## STEP 6 ゲームの感想を聞く（ゲーム中）

### 1 本書に示されている質問をすぐに行う

ほとんどの質問には正解も不正解もありません。どんな答えでも評価したり批判したりしないようにして、うなずきながら聞くことで、あらゆる答えを受け入れましょう。各ゲームの質問は、あなたが意図する結論にチームを導くものです。

### 2 本書の質問を読んだり、メモを用意してもかまわない

ただし、質問を黙読し、チームに視線を戻してから質問をしましょう。本書やメモを見ながら読み上げるより、数秒間黙読したほうが目立たず、不快感を与えることもありません。また、質問しながらアイコンタクトをとったほうが、答えが得られる可能性も高くなります。

### 3 別の質問方法として、名刺大の紙にあらかじめ質問を書き出しておく方法がある

その紙をメンバーに配布し、順番で質問を出して、答えを求めてもらいます。

### 4 必要な場合以外は、指名しないようにする。沈黙に動揺しないこと

質問をしたら、話すのをやめて、頭の中でゆっくりと10数えます。沈黙が永遠のように感じられるかもしれませんが、それはメンバーにとっても同じ。最終的にはだれかが答えてくれるでしょう。メンバーにとっては初めてたずねられた質問ですから、答えが形になるまで数秒間必要なこともあります。

> 感想会は、チームワークを高めるゲームのなかで最も重要な部分である。ゲームで経験したことと実際の仕事での行動を結びつけるために、効果的な質問をしよう。感想会をうまく行えば、ゲームで学んだことはチームにいつまでも残る。

## 5 うなずきや微笑みなど、他のメンバーの発言に対して賛成を示す反応を観察する

　すべての質問に対して全員が答える必要はありません。反対を示す反応が見られたら、「違う意見の人はいますか?」「反対意見はありますか?」などと質問します。反対意見を持っていそうな人をこちらから指名するのは最後の手段にしましょう。

## 6 出された意見ごとに内容をくり返す、または簡単にまとめる

## 7 突飛な意見や明らかに不適切な意見を述べる人がいたら、その人を正すのではなく、その意見に対するチームの考えを聞く

　この方法を使えば、メンバーは全員、その後もあなたから叱責されるのを恐れずに質問に答えることができます。

## 8 ゲームが計画どおりにはうまくいかなかったとしても、ほとんどのメンバーが何かを学んでいる

　たとえどんなことが起こったとしても、それに似たことが実際の仕事で起こったことがあるかどうかをたずねることができます。この経験から何を学べるか、たずねてみましょう。その答えには、今後のゲームについて改善できることが含まれていることもあります。

CHAPTER 1　ゲームを成功させるための7つのステップ

# 学習内容を仕事にフィードバックする（ゲーム後）

**1　ゲームでチームが作成したものを職場に飾る**

　　メンバーは、作成した絵、工作などを目にするたびにゲームを思い出し、そのとき感じたことや学んだことが脳裏によみがえるでしょう。

**2　ゲーム中に新しい用語や特別な単語が出てきたら、それらを頻繁に使う**

　　前述の視覚に訴える方法と同様に、これらの言葉もゲームで起こったことや学んだことを思い出させるのに役立ちます。

**3　指導時、評価時、スタッフ・ミーティング開催時などに、ゲームと学習内容について言及する**

　　ゲームと関連する良いチーム行動をとっている人の例を探し、そのことを全員に分かるように発表します。

> あなたのサポートがあれば、ゲームは終了後もずっと学習効果を与え続ける。メンバーにゲームを思い出させ、学習効果を継続させれば、そのインパクトは長く続くだろう。

**4** ゲームが大成功を収めた場合は、
そのゲームをすぐにまた行うのもよい

**5** 今回の学習内容を強化および強調したり、
さらに積み上げたりするための補足ゲームを計画する

**6** メンバーがゲームでの学習内容をどのように生かし、
どのような良い結果を出しているか例を探す

　メンバーの行動が組織に良い結果をもたらしていることを数値化できる場合は、成功の証拠として発表します。

**7** 次回のスタッフ・ミーティングで、ゲームから受けた
インパクトについてメンバーにたずねる

　あなたがその場にいない場合は、電子メールや電子掲示板などを使って学習効果が継続するようにします。

# CHAPTER 2
# ゲームで発生する可能性のある8つの問題

## 問題 1 参加したくない人がいる

**あなたが遭遇する事態**

- 困惑した表情。
- 目を合わせない人、あるいはその他の否定的なボディ・ランゲージ。
- ゲームやチームワークづくり一般に対する否定的な意見。
- 参加したくないことを明白に表明する意見。
- 明白な参加拒否。
- メンバーがなかなか行動を開始しない。
- 違う活動を提案する。
  （「どうせなら〜をするのはどうでしょうか？」）

**主な原因**

- 過去に行ったチームワーク構築ゲームが不愉快であり、効果がなかった。
- ゲームの目的または意義を理解していない。
- まごつくのではないかという不安や恐れがある。
- ゲームがおもしろそうに思えない。あるいは、意義があるように思えない。

# この問題を回避する方法

- ゲームを説明する際に目的を明らかにします。
- ゲームの目的がチームに必要なものであることを確認します。
- メンバー全員がゲームを行うこと(だれかが選ばれて気恥ずかしい思いをさせられないこと)を保証します。
- 可能な場合は、あまり内気ではないメンバーに先に行ってもらいます。
- 特定の個人からの抵抗が予想される場合は、あらかじめその人に個人的に接触して、参加する約束を取りつけます。

[それでも問題が発生した場合]

- 大きな問題でない限り、深刻に捉えないこと。尻込みしているメンバーも、ゲームを1つか2つ経験すれば、その次のゲームではより積極的に参加するようになります。
- ゲームをチームワーク構築に役立てるには、全員の参加が必要であること、そうしないとゲームの効果を得られないことを強調します。
- 参加したくない人がいることをチームに伝え、チーム内で対処してもらいます(あなたよりも強いプレッシャーを与える可能性があること、その人の参加を一切認めない可能性があることに注意すること)。
- 参加しない人も関わることのできる方法を見つけます。たとえば、得点記録係や時間記録係、オブザーバーなど(ゲームの後で所見を述べてもらうとよいでしょう)。

# 問題 2 指示が理解されない

**あなたが遭遇する事態**
- 困惑した表情。
- 何を行うのか、メンバーどうしで聞き合う。
- 期待した行動をとらない。
- ゲームが始まっても何も起こらない。
- 指示をはっきりさせるよう求める質問が多い。

**主な原因**
- 指示の順序が不適切だった。
- 指示の説明が不適切だった。
- 雑談のせいで注意がそれた。
- 指示の出し方が速すぎた。
- 指示が長いのに書き出さなかった。

# この問題を回避する方法

- あなた自身が指示を何度も読んで、十分に理解します。
- だれかを相手にゲームの説明を練習し、難なく理解されるまで練習をくり返します。練習相手の質問を参考にして、説明のやり方を調整します。
- 各指示の間で言葉を切って、指示を浸透させます。
- ゲームを説明するときはゆっくり話します。
- 指示を出すときは、当たり前のように思えることでもくり返します（例：「まず、ペアになってもらいます。全員2人1組になります。では、組む相手を見つけてください」）。

[それでも問題が発生した場合]

- やり直しましょう。指示を最初からくり返して、難しい指示が指示全体の中で理解されるようにします。今度はさらにゆっくり説明するようにしましょう。
- 理解しているメンバーに説明をサポートしてもらいます。
- イライラしないこと（あなた自身もメンバーも）。冷静を保って説明に集中します。
- 本書の指示を読みます。あなたがその指示を理解していれば、メンバーも理解できるでしょう。
- 適切な場合は、ゲームをデモンストレーションして見せます。

## 問題 3 道具が壊れた、使えない、足りない

**あなたが遭遇する事態**
- 全員に道具が行き渡らない。
- 道具が壊れた。または思ったとおりに機能しない。

**主な原因**
- 計画していなかった。
- 必要な道具の数を少なく見積もっていた。
- 間違った道具を使用した。

# この問題を回避する方法

- 参加予定人数より多めに用意します。少な過ぎるよりは多過ぎるほうがよいでしょう。
- 本番で使うものとまったく同じ道具を使ってゲームを予行練習し（時間枠もまったく同じにする）、期待どおりに機能することを確認します。

[それでも問題が発生した場合]

- 予備の道具を使います（用意してある場合）。
- 可能な場合は、他の道具で代用します。
- 可能な場合は、ゲームのルールを調整します。
- ゲームを別の機会に延期します。

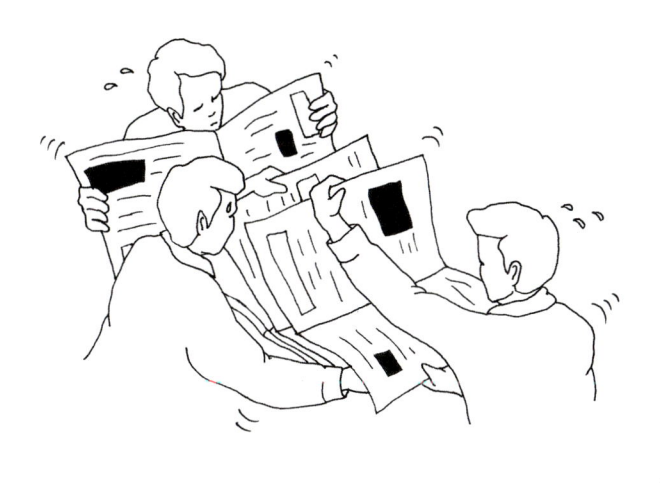

## 問題 4 過度に競争心を燃やす人がいる

**あなたが遭遇する事態**

- ゲームを真剣に受け止め過ぎる。
- ルールを曲げたり、もっと悪い場合は、不正を働く。
- 勝つためや他のメンバーより優れた結果を出すために過度な努力をする。

**主な原因**

- もともと職場が競争的な環境にある。（たとえば、営業部）
- もともとその人の競争意識が強い。
- チーム内で対立がある。
- 学習ではなくゲームに集中し過ぎている。

# この問題を回避する方法

- 導入時に、チームの関心がゲームの目的と学習目標に向くようにします。
- もともと競争意識が強いチームには、チームワークをうながすゲームや競争要素が少ないゲームを選びます。

［それでも問題が発生した場合］

- 感想会では、勝敗や優劣ではなく、起こった出来事、それが起こった理由などに焦点を当てます（「ゲーム自体から離れて、ゲームから学んだことについて話し合いましょう」と明言する必要がある場合もあります）。
- 表出した競争意識、表出した理由、およびその競争意識がどのように役立ったか（有害であったか）を話し合います。これらと仕事の場との関連を見出します。
- 必要な場合は、途中でいったんゲームを中止し、メンバーがゲームの目的と学習目標について思い出すよう働きかけます。

# 問題 5 メンバーが感想会で発言しない

**あなたが遭遇する事態**

- 目を合わせようとしない（特に質問をした直後）。
- あなたの質問に対して、最小限の言葉または単語1つで答える。
- 肩をすくめる。
- 沈黙する。

**主な原因**

- 質問を理解していない。
- 答えをまとめるのに十分な時間をあなたが与えていない。
- あなたや同僚の前で「間違った」答えを言うことをおそれている。
- 何か（おそらくはゲームと無関係のこと）に腹を立てている。

# この問題を回避する方法

- 質問をするときはゆっくり話します。
- 本書の質問を読むことに不安を覚えないこと。
- 各質問の後には間を置きます（頭の中で10数える）。この間はあなたにとって永遠とも思えるかもしれませんが、メンバーが適切な答えを考えるのに必要な時間です。
- 極端に突飛な発言でないかぎり、どの答えも受け入れ、理解します。これはチームの多様な思考スタイルを理解するチャンスなのです。

［それでも問題が発生した場合］

- 質問が理解できないという声が上がったときに限り、質問を言い換えるか、くり返します。それ以外の場合は、各自に考えてもらうようにします。
- 最後の手段として、メンバーを指名して答えてもらいます。
- ゲームは、学習内容を仕事の場に適用できた場合にのみ価値があるのだということ、質問について話し合うことがその第一歩であることを説明します。
- 質問をした後、あなた自身の所見を述べます。その後、今述べたことに対して似た見解を持っているか、それとも異なる見解を持っているか、メンバーにたずねます。
- 答えが返ってきたときは、特に、答えてくれた最初の数人に感謝を示します。

## 問題 6 感想会が特定の人の一人舞台になる

**あなたが遭遇する事態**
- ほとんどの質問に1人だけが答える。
- 1人だけが発言しすぎる。
- ほとんどのメンバーが沈黙している。

**主な原因**
- その人は答えることであなたに協力したいと思っている。
- その人は正解が分かったことを示したいと思っている。
- 他のメンバーが発言しようとしない。
- 他のメンバーは場を支配している人に対して異論を唱えるのがこわい。
- その人は他の人が発言するのを待っていられない。
- その人は自分の意見がきちんと受け止められていないと感じている。
- その人は普段からチームを支配していて、その延長で感想会でも支配的になる。

# この問題を回避する方法

- だれかが質問に答えた後、他のメンバーと目を合わせながら「他の人はどう思いますか?」「他の意見は?」などとたずねます。これにより、1つの質問につき1つの答えではなく、多くの意見を求めていることが伝わります。
- 意見ごとにくり返すか、簡単にまとめて、「なるほど。他の人は何か気がつきましたか?」などとたずねます。
- あわてず、他のメンバーが発言するのを待ちます(沈黙が数秒間続くと、他のメンバーも発言するようになります)。
- 特定の人が感想会の場を支配することが予想される場合は、ゲームの前にその人と話して自制するように頼んでおきます。あるいは、他のメンバーに発言するように求めておきます。
- 普段から場を支配する傾向の人に対しては、このゲーム外で対処します。

## [それでも問題が発生した場合]

- 質問をするとき、場を支配している人と目を合わせないようにします。
- いくつかの質問を「では、他の人に次の質問をします」という言葉で切り出します。
- 数名のメンバーを指名して意見を求めます。
- 度を超している場合は、場を支配している人に、他の人が発言するまで発言を控えるように求めます。
- 「Aさんとの話し合いに別の視点を提供してくれる人はいませんか?」とたずねます。

## 問題 7 感想会が制御不能になる

**あなたが遭遇する事態**
- 不平不満の応酬。
- 言い争いや殴り合いが起こる。
- トピックから逸脱する。
- メンバーが雑談する。

**主な原因**
- 感想会でたずねた質問が不適切だった。
- 未解決のチームの問題がある。
- 自制力が失われた。

# この問題を回避する方法

- 司会者としての経験が豊富な場合を除いて、本書で示されている質問から離れ過ぎないようにします。
- チーム内の深刻な問題を解決することを期待してゲームを行わないようにします。
- あらかじめ数名のメンバーに、ゲームでチームがどんな反応を見せると思うかたずねておきます。
- 特定の人に関心が集まるような質問を避けます。
- メンバーどうしを対抗させるような質問を避けます。

［それでも問題が発生した場合］

- 事態が悪化する前に介入して話し合いを止めさせましょう。「この話し合いはゲームから学んだことにどのように適用できますか」とたずねます。
- 責任の所在を明らかにしようとしたり、原因を追及したりしないこと。
- 具体的で的を射た質問で、みなの関心を感想会に戻します（本書の質問を活用しましょう）。
- 深刻な場合は、ゲームも感想会も中止します。現在の問題を特定し、次回行うゲームを決定するよい機会ととらえましょう。

## 問題 8 ゲームで学んでほしい事柄が理解されない

**あなたが遭遇する事態**
- 感想会で不適切な答えが返ってくる。
- 仕事の場とゲームとの関連がない。
- ゲーム中にメンバーが行った重要な行動や働きかけが見過ごされている。

**主な原因**
- 導入時にゲームの目的を十分に説明しなかった。
- 意図した学習効果を引き出すのに最適なゲームではなかった。
- 感想会の質問をうまく使えなかった。

# この問題を回避する方法

- 必ずゲームの目的をチームに説明します。ゲームに参加して学ぶ必要性をチームに認識させます。
- 明確な学習目標を必ず持ちます。また、選択したゲームをチームが行うことでその目標が達成されることを確認します。
- 感想会では、質問の正解を一方的に教え込むのではなく、メンバーに答えてもらいます。
- 感想会の質問に対して最小限の答えしか返ってこない場合は、明確化または詳細化を求めます。
- メンバーのゲームを手助けしないようにします。あなたが助けてあげればあげるほど、メンバーが経験する内容は少なくなり、学習量と成長の幅も小さくなります。

[それでも問題が発生した場合]

- あなたが意図した学習内容をチームに明かしたうえで、ゲームのどの場面でそれに該当するものがあったかについて話し合いましょう。
- あきらめます。メンバーが学んだことを受け入れ、その上に積み上げていくのです。
- 時間が許すならば、意図した目的に重点を置き直してゲームをやり直します。

最後に…
メンバーもあなたと同じように
ゲームを成功させたいと
思っていることを忘れずに！

QUICK
TEAM-BUILDING
ACTIVITIES
FOR
BUSY MANAGERS

# PART 2
## 実践編

# 実践編について

---

ここからは、実際のゲームのやり方などについて説明していきます。
目的に応じて、ゲームは以下の4つのカテゴリーに分かれています。

### 初対面のメンバーが親しくなるゲーム

　チームが初めて始動するとき、チームに新しくメンバーが加わったときに行うと、効果を発揮します。お互いを知っているメンバーどうしでも、これらのゲームを行うことで、より深く知り合うことができます。

### チームが盛り上がって活性化するゲーム

　チームに団結力が足りないときに行うと、効果を発揮します。ゲームを通じて協力し合ったり、お互いを認め合うことで、チーム全体に活気が生まれます。長いミーティングの前や中盤に行うことでメンバーに活力を与えるような、ゲーム性の高いものもあります。

### チームに交渉力・創造力がつくゲーム

　営業力や交渉力、斬新な解決策を考える力などを開発したいときに行うと、効果を発揮します。

### 変化に負けないチームをつくるゲーム

　多少の変化に動じず、いろいろな状況に柔軟に対応する力をつけ、チームの力を強くする効果が期待できます。

各ゲームは、分かりやすいように、以下のように項目ごとに説明されています。

目的 ──────────── ゲームの目的
人数 ──────────── ゲームを行うのに最適な人数（参考程度）
こんなときに ─────── ゲームが効果を上げると思われるチームの実状
場所 ──────────── ゲームを行う場所の注意事項
用意するもの ─────── ゲームに必要なもの（何もない場合も多い）
手順 ──────────── ゲームの実行方法
例 ───────────── 解答例やトピック例（ゲームによってさまざまな例を提示）

メンバーへの質問 ──── 各ゲーム後の感想会でするのに最適な質問（ここでの質問で、
　　　　　　　　　　　ゲームで学んだことを実際の仕事での行動に関連づけたりする）

ゲームを成功させるコツ ── ゲームをより効果的に実行するためのヒント

バリエーション ────── ゲームのバリエーション（刺激を与えたり、ペースを落としたり、
　　　　　　　　　　　競争レベルを上げたり、あるいはやや異なる学習経験ができる）

# CHAPTER 3

## 初対面の
## メンバーが
## 親しくなる
## ゲーム

# 01 硬貨が導くストーリー

## 配られた硬貨の発行年に、自分に起こった出来事を話すゲーム

**目的** お互いについて知り、今後の会話のきっかけをつくる

**手順**
1. メンバーに1枚ずつ硬貨を配る。
2. 配られた硬貨が発行された年に、自分に起こった重要な出来事、またはおもしろい出来事を思い出す時間を2分間与える。
3. あなたが最初に例を示す。
4. メンバーはまず名前を言い、自己紹介した後、硬貨が発行された年に起こった出来事について話す。

# A PENNY FOR YOUR THOUGHTS

人数：3〜8人程度

### こんなときに
- これからチームが始動するとき
- チームに新しいメンバーが加わったとき
- メンバー間のコミュニケーションがあまりとれていないとき

### 場所
どこでもOK

### 用意するもの
硬貨を参加人数分　※メンバーの生まれ年より後の発行年の硬貨を選ぶこと

**解答例**
「こんにちは、ルースです。この会社には14年間、現在の部門には3年間勤務しています。私が持っている硬貨は1999年です。この年に私は、スカイダイビングに一緒に行こうと夫に説得されました」

**メンバーへの質問**
「お互いの仕事以外の面を知ることは、なぜ重要なのでしょうか？」
「個人的なことを他の人に話すのは、抵抗がありましたか？」
「仕事の中でお互いをもっとよく知るにはどうしたらよいでしょうか？」

**ゲームを成功させるコツ**
- 起こった出来事を思い出せない人がいたら、その年に何をしていたか、どこに住んでいたか、仕事は何をしていたかなど質問してみるとよいでしょう。
- このゲームは、同じチームで何度でも使えます（次回も同じ発行年の硬貨が同じメンバーの手に渡ることはまずないため）。
- メンバーへの質問を省略して、単にお互いを知るためや、ミーティングを始めるきっかけとして使ってもよいでしょう。

**バリエーション**
- 「もしその年をやり直せたら、またはもしその年がなかったら、今とどう違うか」について話してもらいましょう。
- その年に好きだった歌、映画、テレビ番組などについて話してもらいましょう。
- 時間がある場合は、各メンバーの発表の後に質問の時間をとってみましょう（「ご主人はそれ以前にスカイダイビングの経験はあったのですか？」「どこでスカイダイビングをしたのですか？」など）。

## 02 Aよりも Bが好き

# 自分が好きなことを順番に話していくゲーム

**目的** お互いの好きなことを知り、今後の会話のきっかけをつくる

**手順**
1. メンバー全員が向き合うようにして輪になる。
2. あなたが何をするのが好きかを言って、ゲームをスタートさせる。
3. あなたの隣にいる人がその言葉をくり返し、それより好きなことを言う。
4. その隣にいる人が前の人の言葉をくり返し、それより好きなことを言う。
5. 1周するまで続ける。

# RATHER THAN

人数：5〜10人程度

### こんなときに
- これからチームが始動するとき
- チームに新しいメンバーが加わったとき
- メンバー間のコミュニケーションがあまりとれていないとき

**場所**
どこでもOK

**用意するもの**
なし

**解答例**
「アイスクリームを食べるのが好きです」
「アイスクリームを食べるより、海で泳ぐほうが好きです」
「海で泳ぐより、ネットサーフィンをするほうが好きです」

**メンバーへの質問**
「お互いの仕事以外の面を知ることは、なぜ重要なのでしょうか？」
「個人的なことを他の人に話すのは、抵抗がありましたか？」
「仕事の中でお互いをもっとよく知るにはどうしたらよいでしょうか？」

**ゲームを成功させるコツ**
- 何周してもかまいません。
- メンバーへの質問を省略して、単にお互いを知るためや、ミーティングを始めるきっかけとして使ってもよいでしょう。

**バリエーション**
- カテゴリーを指定してみましょう（チームやチームの仕事に関連することだけにする、会社または組織に関連することだけにする、趣味に関することだけにするなど）。
- 場の緊張を解くために、最初のゲームとしてこれを使ってみましょう。名前を言った後に「AよりもBが好き」というコメントをつけ足すだけでOKです。
- 「AよりもBが嫌い」というパターンでゲームをしてみましょう。

CHAPTER 3　初対面のメンバーが親しくなるゲーム

## 03 位置について、用意、整列!

# 指示したカテゴリーの順にすばやく整列するゲーム

**目的** お互いの個人的なことについて知り、親しくなる

**手順**
1. メンバーを2つのチームに分ける。チームは列をつくり、お互いに向き合って立つ。
2. 列のどちらが先頭になるかを指示する。
3. カテゴリーを示す(例：名字のあいうえお順)。
4. 各チームは、できるだけすばやく名字のあいうえお順に整列する。
5. 並び終わったら、列全員で手をあげて終了の合図とする。
   合図が一番早かったチームが勝ち。
6. カテゴリーの提示をくり返す(何回でもよい)。

# READY, SET, REORGANIZE!

人数：10人以上

### こんなときに
- これからチームが始動するとき
- チームに新しいメンバーが加わったとき
- メンバー間のコミュニケーションがあまりとれていないとき

**場所**
メンバーが整列できるような広いスペースが必要

**用意するもの**
なし

**カテゴリー例**
好きな食べ物（あいうえお順）、生年月日（年齢順）、勤続年数（数字順）、出身地（北から南の順）、これまでに訪れたことのある国の数（数字順）など。

**メンバーへの質問**
「お互いの仕事以外の面を知ることは、なぜ重要なのでしょうか？」
「個人的なことを他の人に話すのは、抵抗がありましたか？」
「整列してみて、意外だったことはありますか？」
「仕事の中でお互いをもっとよく知るにはどうしたらよいでしょうか？」

**ゲームを成功させるコツ**
- カテゴリーは、必要だと思う数よりも多めに考えておくこと。不足するよりは余るほうがよいからです。
- ゲームへの熱意がなくなってきたときは、その時点で終了します。
- メンバーへの質問を省略して、単にお互いを知るためや、ミーティングを始めるきっかけに使ってもよいでしょう。

**バリエーション**
- 人数が25人より多い場合は、3チームに分けて競争させましょう。
- ゲームの中盤で、1つのカテゴリーを基準にメンバー全員を1列に整列させてみましょう。整列が終わったら、列の真ん中で2つに分けます。この2チームでゲームを続けることで、メンバーは新しく同じチームになった人のことについて知ることができるでしょう。
- すべてのゲームで、メンバー全員を1列に整列させてみましょう。

## 04 共通点と相違点

# お互いの共通点と相違点を発見するゲーム

**目的** お互いについて知り、今後の会話のきっかけをつくる

**手順**
1. 紙とペンをメンバーに配る。
2. メンバーは紙に、「名前」「共通点」「相違点」という見出しの3つの列をつくる。
3. 注意事項を伝える。
   a. 答えが重複しないようにすること。（例：チョコレートが好きだという「共通点」を持つ人が2人目であれば、何か別のことを見つけるようにする）
   b. 「共通点」と「相違点」は関連のない事柄にすること。
   （例：「共通点」が「音楽が好き」であれば、「相違点」は音楽に関係のないことにする）
4. 7分間、メンバーはいろいろな人と会話をし、相手ごとに名前と自分との共通点、相違点を紙に書き込む。

# SIMILARITIES AND DIFFERENCES

人数：4人以上

### こんなときに
- 重要なプロジェクトや作業が始まるとき
- メンバーがお互いを正しく評価していないとき

### 場所
全員が立ち上がって移動できるスペースが必要

### 用意するもの
A5程度の紙とペンを参加人数分

**解答例**

| 名前 | 共通点 | 相違点 |
| --- | --- | --- |
| ティム | 旅行好き | 彼：ロックが好き<br>私：ジャズが好き |
| ベンジャミン | 家族と過ごすのが好き | 彼：スペイン語が話せる<br>私：外国語が話せない |
| マリア | 食いしん坊 | 彼女：ピアノが弾ける<br>私：フルートが吹ける |

**メンバーへの質問**

「個人的なことを他の人に話すのは、抵抗がありましたか？」
「共通点と相違点を発見して、驚いたことはありますか？」
「仕事の中でお互いをもっとよく知るにはどうしたらよいでしょうか？」

**ゲームを成功させるコツ**

メンバーへの質問を省略して、単にお互いを知るためや、ミーティングを始めるきっかけとして使ってもよいでしょう。

**バリエーション**

- 共通点と相違点を、仕事関連のこと、または、個人的なことに限定してみましょう。
- メンバーを4～6人のチームに分けてみましょう。
  各チームに、メンバー全員に共通することとメンバー全員がそれぞれ相違していることを1つずつ見つけてもらいましょう。数分後、チームのメンバーを入れ替えてくり返します。

CHAPTER 3　初対面のメンバーが親しくなるゲーム

## 05 スイート・ストーリー

# キャンディの色に割り当てられた テーマで自分のことを話すゲーム

**目的** お互いについてもっとよく知り、信頼し合えるようになる

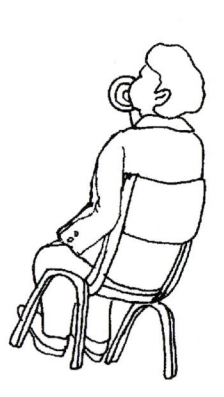

**手順**

1. メンバーに1つずつキャンディを配布する(まだ食べないこと!)。
2. キャンディの色に合わせて、話してもらうテーマを設定する。
   (仕事を非常に誇りに思ったときのこと、尊敬する上司とその理由、仕事でこわい思いをした瞬間、恥ずかしい思いをした瞬間、失敗したときのことなどについて)
3. 話す内容を考える時間を2分間与える。
4. メンバーはキャンディの色に割り当てられたテーマについて順番に話す。
5. 終わった人はキャンディを食べてよい。

# SWEET STORIES

人数：5人程度

### こんなときに
- 新しくグループに加わったメンバーがいるとき
- メンバーがお互いをあまりよく知らないとき

### 場所
どこでもOK

### 用意するもの
何色かのキャンディを参加人数分

### メンバーへの質問
「お互いの仕事以外の面を知ることは、なぜ重要なのでしょうか？」
「個人的なことを他の人に話すのは、抵抗がありましたか？」
「仕事の中でお互いをもっとよく知るにはどうしたらよいでしょうか？」

### ゲームを成功させるコツ
- 仕事、組織、特別プロジェクトに関連するテーマを当てはめることもできます。
- 話す内容は、最も恥ずかしかったこと、最もおもしろかったことなどのように、「最も〜」である必要はありません。抵抗がないことを話せばよいでしょう。
- 時間を独り占めにする人が現れないように、話す時間の長さを制限します。

### バリエーション
- テーマから「仕事で」という言葉を取ると、個人レベルでお互いを知ることができます。
- メンバーを3人程度の小さなチームに分けます。チームは数分間、1種類の色でストーリーを語り合います。チームで最も良いストーリーを選び、全員の前で発表します。
- 次のテーマを使って個人レベルでお互いを知り合いましょう。「両親から学んだこと」「好きな映画とその理由」「自宅のキッチンについて」「飼っている（飼っていた）ペットについて」など。

CHAPTER 3　初対面のメンバーが親しくなるゲーム

## 06 1日の過ごし方

# 典型的な1日の過ごし方を
# お互いに教え合うゲーム

**目的** お互いについて知り、今後の会話のきっかけをつくる

**手順**
1. メンバーにペアをつくってもらう。
2. 5分間、どちらか一方が典型的な1日の過ごし方を語る。聞き手は基本的に話を聞くだけにする。
3. 役割を交代してくり返す。

A DAY IN THE LIFE...

人数：2人以上 👥

### こんなときに
- メンバーがお互いをあまりよく知らないとき
- メンバーがお互いを正しく評価していないとき

**場所**
どこでもOK

**用意するもの**
なし

**メンバーへの質問**
「お互いの過ごし方を知ってどうですか？」
（「相手を身近に感じた」「共通点が多いことに気がついた」など）
「相手と相手の仕事について何が分かりましたか？」
「このゲームは、実際の仕事とどのような関連があるでしょうか？」

**ゲームを成功させるコツ**
- 話す時間帯を設定してもよいでしょう。お互いの仕事についてより深く理解し合いたいのであれば、「会社に来てから帰るまで」と設定すると、効率的な仕事の進め方のヒントなどをシェアすることができます。
- 典型的な1日が例として話しにくいようなら、昨日1日について話してもらいます。
- あなたがゲームに加わらない場合は、ゲームを始める前に、チームにあなたの典型的な1日を語るなどして、見本を示しましょう。

**バリエーション**
- 個人レベルで知り合うには、週末や休日について話してもらうといいでしょう。
- 1つのペアでのゲームが終わったら、別の人とペアを組んでゲームをくり返します。
- 3〜6人のチームでゲームを行ってみましょう。この場合、時間は長くかかりますが、より多くの人について知ることができます。

# 07 噂の時間

# 噂を書き合い、だれがそれを書いたのかを当てるゲーム

**目的** お互いに対する認識を深め、個人的なつながりを強化させる

**手順**
1. 紙とペンをメンバーに配り、ターゲットになるメンバーを指名する。
2. 他のメンバーはターゲットについてのコメントを1つ紙に書く。コメントはほめるものか、やや意外なものにする。
3. コメントが書かれた紙をビニール袋に集め、1つ選んで読み上げる。
4. ターゲットに、だれがそれを書いたのか当てるチャンスを1回与える。
5. ターゲットの推測が外れた場合は、次のコメントを読み上げ、だれが書いたのか当てるチャンスを1回ターゲットに与える。正しく当てるまで続ける。
6. ターゲットが正解したら、そのコメントを書いた人が次のターゲットになり、2から同様にくり返す。

# GOSSIP TIME

人数：15人程度

### こんなときに
- このゲームの場合はお互いをよく知っていて、さらにつながりを強めたいとき
- 他のメンバーにどう見られているかを知る必要があるとき

**場所**
どこでもOK

**用意するもの**
小さな紙とペンを参加人数分×ゲームの回数分／集めた紙を入れるビニール袋

### コメント例
「ものまねがうまい」
「聞き上手だ」
「カラオケがうまい」

### メンバーへの質問
「お互いについてどのくらい発見がありましたか？」
「ターゲットになったときはどんな気持ちでしたか？」
「書いた人を当てるのが難しかった（または簡単だった）原因は何ですか？」

### ゲームを成功させるコツ
- 気楽で楽しいムードで行いましょう。コメントが中傷や、不適切な内容にならないようにします。
- コメントを書いた紙をターゲットに見せないこと。
  筆跡からだれが書いたものであるのか分かってしまうことがあります。
- 時間が限られている場合は、全員が書き終わるのを待たなくてもOKです。
  その場合は、ターゲットに退室してもらい、だれが紙を提出していないか分からないようにしましょう。

### バリエーション
- コメントを仕事関連やプロジェクト関連に限定してみましょう。
- コメントをほめ言葉だけに限定してみましょう。

CHAPTER 3　初対面のメンバーが親しくなるゲーム

# 08 人間広告板

# 自分を宣伝するポスターを作成するゲーム

**目的** お互いをもっとよく知り、親しくなる

**手順**
1. メンバーに紙とカラーペン数本を渡す。
2. 単語、絵、記号などを使って自分の広告を書く時間を6分間与える。
3. ポスターを他のメンバーに見えるようにしながら、6分間いろいろな人と話すようにうながす。
4. 会話は、ポスターについての質問とその質問に対する答えに限定する。

# HUMAN BILLBOARDS

人数：3〜8人程度

## こんなときに
- これから新しいチームが始動するとき
- チームに新しく加わったメンバーがいるとき
- メンバーがお互いをあまりよく知らないとき

**場所**
作業できる机があるところ

**用意するもの**
A3程度の紙とカラーペン数本を参加人数分

**メンバーへの質問**
「お互いの仕事以外の面を知ることは、なぜ重要なのでしょうか？」
「個人的なことを他の人に話すのは、抵抗がありましたか？」
「仕事の中でお互いをもっとよく知るにはどうしたらよいでしょうか？」

**ゲームを成功させるコツ**
- ポスターに名前を入れて休憩室、会議室、食堂などに貼り、その後も話題にできるようにしましょう。
- メンバーへの質問を省略して、単にお互いを知るためや、ミーティングを始めるきっかけとして使ってもよいでしょう。

**バリエーション**
- ポスターに書く内容を限定します。たとえば、職歴関連、会社または組織関連、仕事以外の事柄、個人的な好み（色、食べ物、本、映画など）、将来の夢など。
- ポスターの代わりにスクリーンセーバー、Tシャツ、バンパーステッカー、個人旗、ナンバープレート、タトゥーなどを作成してもらいましょう。

CHAPTER 3　初対面のメンバーが親しくなるゲーム

# CHAPTER 4

# チームが盛り上がって活性化するゲーム

## 09 パス!

# 輪になってボールをパスし、
# 1周するタイムを縮めるゲーム

**目的** 改善したプロセスを機能させるには、チームの連携が必要だと理解する

**手順**
1. 全員が立った状態で大きな輪をつくり、1人にボールを渡す。
2. ボールを受け取った人に、輪の中のだれかにパスするように指示する。
3. 次に受け取った人は、また別の人にパスする。
4. これをくり返し、最後の人は最初にボールを持っていた人にパスする。
5. 前回と同じ相手、同じ順序でパスし、1周するタイムを測定する。
6. だれかがボールを落としたら、最初の人にボールを戻してやり直す。
   ただし、タイム測定はそのまま続ける。
7. 同じパターンをくり返し、再びタイムを測定する。
8. タイムを大幅に短縮するために、戦略を立てる時間を3分間与える。
9. 同じパターンをくり返し、再びタイムを測定する。

# CATCH!

人数:10人以上

## こんなときに
- 問題を自分たちで解決しようとせず、上司に解決策を求める傾向があるとき
- 「これ以上よい方法があるはずがない」という思い込みが強いとき

**場所**
全員が立って輪になれるようなスペースが必要

**用意するもの**
柔らかいボールやお手玉など／ストップウォッチや秒針のある時計

**メンバーへの質問**

「どんな戦略を使いましたか？ その戦略は成功しましたか？」
「どんな思い込みをしていましたか？」
(「並び順を変えてはいけないものだと思い込んでいた」など)
「だれかがボールを落としたとき、どう思いましたか？」
(「イライラした」「落胆した」「同情した」など)
「このゲームは、実際の仕事とどのような関連があるでしょうか？」

**ゲームを成功させるコツ**

- ボールをパスする相手が分からなくなったときは、思い出してもらうようにします。ただし、チームのリーダーシップを奪ってしまわないように。
- タイムを短縮する方法として、輪を小さくすること、輪の中での並び順を変えることなどの手があります。

**バリエーション**

- 色の違うボールを2個使って、両方のパターンを同時に実行できるタイムを測定してみましょう。
- 2つのチームに分かれ、同時にゲームを行ってみましょう。記録を向上させること（このゲームの目的）と別チームの記録を上回ることのどちらをより意識しているか観察します。
- 1〜2周した後にパスする順序を逆にし、元の順序のとき以上のスピードを維持するようにしてもらいましょう。そうすると「変化への順応性」も鍛えることができます。

CHAPTER 4　チームが盛り上がって活性化するゲーム

## 10 カードを渡せ

# リレー形式で次々とカードを渡していく速さを競うゲーム

**目的** チームワークと競争意識を鍛え、チーム全体に活気を与える

**手順**

1. メンバーを4〜8人のチームに分け、チームごとに横1列に並んだ椅子に座る。
2. 各チームの右端の椅子の横の床にトランプ1組を置く。
3. 次のルールを説明し、チームが戦略を立てる時間を5分間与える。
   a. 右端の椅子に座っている人が右手でトランプを1枚拾い上げる。
   b. それを左手に持ち替え、左側の人の右手に渡す。
   c. 2番目の人はそのカードを左手に持ち替え、次の人の右手に渡す。
   d. 順に手渡し、最後の人は自分の左横の床にトランプを積んでいく。
   e. 列の端にすべてのカードを積み上げたら、列の最後の人が立ち上がる。
4. ゲームを実行し、一番に列の最後の人が立ち上がったチームが勝ち。

# PASS THE CARD

人数：8人以上

## こんなときに
- エネルギーを消耗するような長いミーティングの前や中間に
- メンバー間のチームワークと競争意識が足りないとき

## 場所
椅子を何列か横に並べられるスペースが必要

## 用意するもの
トランプ1組をチーム数分

### メンバーへの質問
「どのように戦略を決めましたか？ その戦略は成功しましたか？」
「カードを落とす人がいたとき、どう思いましたか？」
(「腹が立った」「時間が気になった」「じれったく思った」「同情した」など)
「仕事の中で、このように協力する必要があるのはどんなときですか？」
「このゲームは、実際の仕事とどのような関連があるでしょうか？」

### ゲームを成功させるコツ
- 最初の人は1枚目のカードを次の人に渡すと同時に、次に渡すカードを拾い上げても OK です。
- 同時に複数のカードを持ってはいけません。
- 普段仕事で関わることがないメンバーどうしが同じチームになるように編成します。
- できるだけ相手チームの様子が見える並び方にします。
  これには、競争意識を高める効果とともに、集中力を乱す効果があります。

### バリエーション
- 一部の人（最初の人と最後の人が最適）または全員に目隠しをすることで、難易度を上げてみましょう。
- 硬貨や鉛筆、職場独自のアイテムなど、トランプ以外の物を使ってみましょう。

CHAPTER 4　チームが盛り上がって活性化するゲーム

# 11 ポップコーン

## お互いにスプーンでポップコーンを食べさせ合うゲーム

**目的** 協力することの大切さを学び、コミュニケーション・スキルを向上させる

**手順**
1. 10数個のポップコーンをビニール袋に入れたものを人数分用意する。
2. メンバーにペアをつくってもらい、スプーン、目隠し、ビニール袋に入ったポップコーンを配る。
3. 両者とも目隠しをし、1人が相手にスプーンで1度に10個のポップコーンを食べさせる。
4. 成功したら、役割を交代する。

# POPCORN

人数：2人以上

## こんなときに
- 問題を解決する際、創造力が発揮されていないとき
- 楽しいことをして笑い、お互いに打ち解ける必要があるとき

### 場所
どこでもOK

### 用意するもの
ポップコーン10数個／スプーン／ビニール袋／目隠し／すべてを参加人数分

### メンバーへの質問
「互いに食べさせようとしたとき、どんなことが起こりましたか？」
（「ポップコーンがスプーンからポロポロ落ちた」「慎重にやらなければならなかった」など）
「どのようにコミュニケーションをはかり、協力しましたか？ どんな方法が成功しましたか？」
（「触れる」「だれか他の人が成功した方法が耳に入った」など）
「このゲームは、実際の仕事とどのような関連があるでしょうか？」

### ゲームを成功させるコツ
- ポップコーンに対してアレルギーを持っている人には、何か別のものを用意します。
- 目隠しをごまかしている人がいないか注意します。反則は厳禁です。

### バリエーション
- より簡単に（そしておそらく、よりおいしく）するには、小さなキャンディを使います。
- スプーンで10個を1度に相手に食べさせる代わりに、1個ずつ食べさせてみましょう。
- メンバーを3人以上のチームに分け、チームの各メンバーが右隣の人に同時にポップコーンを食べさせることにすると、難易度がかなり高くなります。
- スプーンを使わず、フォークでポップコーンを刺してもらいましょう。

CHAPTER 4　チームが盛り上がって活性化するゲーム

# 12 星のパワー

## 長いロープを使って、全員で星の形をつくるゲーム

**目的** 協力し合うことを学びながら、コミュニケーション・スキルを強化する

**手順**
1. メンバー全員にロープを持ってもらう。
2. メンバーはロープを手で送ることはできるが、他のメンバーと場所を交代してはいけない。
3. ロープを使って10分間で星形をつくる。ロープのどちらの端も余らせてはいけない。

# STAR POWER

人数：10人以上

## こんなときに
- メンバーが効果的に協力し合っていないとき
- 楽しいことをして笑い、お互いに打ち解ける必要があるとき

**場所**
全員で大きな輪をつくれるくらいの広いスペースが必要

**用意するもの**
12～15mのロープ1本

### メンバーへの質問
「このゲームはチームワークとどんな関係があるでしょうか？」
（「協力する必要があること」「互いの意見を聞く必要があること」など）
「作業を進める方法について、全員の意見をどのようにまとめましたか？」
「リーダー的存在になった人はいますか？　その人はどんな役目を果たしましたか？」
「このゲームは、実際の仕事とどのような関連があるでしょうか？」

### ゲームを成功させるコツ
- 人数が20人より多い場合は、2つのチームに分けるか、長いロープを使います。1人あたり、少なくとも30～90cmの長さが必要です。
- ロープでつくるのは、星の外側の線だけでも、一筆書きしたときのように各線が交差する星でもOKです。

### バリエーション
- 文字、単語、組織のロゴなど、別の形をつくってみましょう。
- メンバーに目隠しをしてもらいましょう。全員が目隠しをする場合は、単純な形をつくることにします。四角形や三角形でも十分難しいものです。感想会では、メンバーがどんな方法で形を把握したかたずねてみましょう。
- 話をせずに星形をつくってもらいましょう。感想会では、どんな方法でコミュニケーションをとったかをたずねてみます。あるいは、一部のメンバーには話すことを許可し、一部のメンバーには禁止するなどして、話せない人をどのように活用したかたずねてみましょう。

CHAPTER 4　チームが盛り上がって活性化するゲーム

# 13 チーム一丸!

## 全員が同時にゴールラインを踏むよう協力するゲーム

**目的** 他者との調和が必要な作業は、簡単にはうまくいかないことを知る

**手順**
1. スタートラインの手前にメンバーを整列させる。
2. あなたの合図で、メンバーはゴールラインに向かって進み出す。
3. 全員がまったく同時にゴールラインを踏まなければならない。
4. 全員がそろわなかった場合は、スタートラインに戻ってやり直す。
5. 成功するまで続ける。

# TIED!

人数：5人程度

## こんなときに
- 期限までに必要な作業を少なく見積もってしまう傾向があるとき
- 心に余裕を持って、集中する必要があるとき

## 場所
チームが1列になって10mほど歩ける広いスペースが必要

## 用意するもの
長いロープまたはテープ（スタートラインおよびゴールラインを表すために使う）

**解答例**
軍隊のような歩調をとる、カウントダウンする、手をつなぐなど、調和を図る方法を工夫するでしょう。ただし、そういった工夫をするのは、最初にやって失敗してからの場合が多いようです。

**メンバーへの質問**
「最初はこのゲームの難易度をどのくらいだと思いましたか？」
（「簡単」「楽にできる」など）
「やってみたら、どれくらい難しかったですか？」
（「思っていたより調和を取るのが難しかった」など）
「仕事の中で、最初は簡単だったのに、調和するのが（特に他者の努力が必要な場合に）難しかったのはどんなときでしたか？」
「このゲームは、実際の仕事とどのような関連があるでしょうか？」

**ゲームを成功させるコツ**
ゲームが始まったら、メンバーが動きを止めることを禁じます（ゴールライン直前まで進み、全員そろってから最後の1歩を同時に踏むという方法を禁止するため）。

**バリエーション**
- 真っ直ぐ前だけを見る、または天井を見るという条件をつければ、難易度が高くなります。
- メンバーを後ろ向きに歩かせて、このゲームを行ってみましょう。

CHAPTER 4　チームが盛り上がって活性化するゲーム

# 14 カードの山

# ランダムなカードの山を
# できるだけよい配列にするゲーム

**目的** 協力し合いながらゲームを楽しみ、コミュニケーション・スキルを伸ばす

**手順**

1 メンバーを3〜6人に分け、各チームに16枚のトランプを渡す。
2 各チームは、すべてのカードを格子状（4行4列）に並べる。
3 目標は、16枚のカードを1つ（またはできるだけ少ない数）の山にすることであると伝え、次のルールを説明する。
   a. カード（またはカードの山）は縦にも横にも好きなだけ動かせるが、ななめには動かせない。
   b. カードの移動は、必ず数字またはマークが同じカード（またはカードの山）の上で終わる必要がある。空白のスペースに置くことはできない。
   c. カードを別のカードの上に置いたら、その山は一番上のカードに従う1ユニットとして移動する（一番上のカード以外はその後のゲームに無関係になる）。
4 ゲームの時間を10分間与える。

# CARD STACK

人数:6人以上

### こんなときに
- 計画と戦略に柔軟に対応することの意味を理解する必要があるとき
- 創造的な問題解決があまり行われていないとき

### 場所
作業できる机があるところ

### 用意するもの
トランプの任意のカード16枚をチーム数分

---

**移動例**
ダイヤの2を横に1マス移動し、ダイヤの4（マークが同じ）が一番上に重なっている山の上に置くか、縦に3マス移動してクラブの2（数字が同じ）の上に置くことができます。

**メンバーへの質問**
「進行方法について、意見をどのようにまとめましたか？」
「このゲームとチームワークにはどんな関係がありますか？」
（「お互いの意見をよく聞く必要があった」など）
「リーダー的役割を果たした人はいますか？　その人はどんな働きをしましたか？」
「このゲームは、実際の仕事とどのような関連があるでしょうか？」

**ゲームを成功させるコツ**
カードの山を別のカードの山に移動して新しい山をつくることもできます。
この場合も、移動に関係するのは一番上のカードだけです。

**バリエーション**
- 各チームにまったく同じ16枚のカードを渡します。同じカードのセットでゲームを始めるのだということを伝えて、競争を取り入れてみましょう。
- カードの枚数を増やすと難易度が上がります。
- 1ゲームにつき1回のななめ移動を許可してみましょう。

# 15 責任追及

## 最初に動いた人を探し、その責任を問うゲーム

**目的** チームでは全員に責任があることを理解する

**手順**

1. 全員で立ったまま大きな輪になる。
2. アイドルを決める。
    a. まず、あなたが輪の中の1人を指差し、そのままの状態を保つ。
    b. 指差された人は別の人を指差し、そのままの状態を保つ。
    c. 全員がだれかを指差す状態になるまで続ける。最後の人はあなたを指差す。
    d. あなたは指を下ろし、指差していた相手を見つめる。その人があなたのアイドルである。
3. 目的は、自分にとってのアイドルをよく見て、その人の動きをすべてコピーすることだと説明する。
4. チームに完全に動きを止めるように指示する。
   自分のアイドルが動かない限り、だれも動いてはいけない。
   アイドルがピクッと動いたり、咳や瞬きをした場合は、
   瞬時にその動作を正確にコピーし、静止状態に戻る。これを数分間続ける。

# BLAME GAME

人数：8人程度

### こんなときに
- 自分にも責任があるチームの問題について他のメンバーを追及する傾向があるとき
- 犯人探しや身代わり探しにエネルギーを無駄にしているとき

### 場所
全員が立って輪になれるくらいのスペースが必要

### 用意するもの
なし

**メンバーへの質問**

「どんな結果になりましたか？」（アイドルが動いたことを非難する声が上がる）
「その動きを最初に行った人はだれか分かりますか？」
（結局は最初にだれが動いたか、特定するのはほぼ不可能である）
「1度起こってしまったことについて、最初にだれが行ったのかを特定することは重要でしょうか？」
「身代わり探しにどれだけのエネルギーを使っているでしょうか？」
「結果的にチーム全体の行動になったある行動について、自分たちにはどんな責任があるでしょうか？」
「このゲームは、実際の仕事とどのような関連があるでしょうか？」

**ゲームを成功させるコツ**

- 小さな動きは必ず起こります。すると、その動きはチームの輪で際限なくコピーされていきます。また多くの場合、その動きはだんだん大きくなっていきます。
- 動きが収拾つかなくなった場合は、ゲームを中断し、全員集中し直してからやり直します。

**バリエーション**

「連鎖停止ポイント」として1人を指名してみましょう。動きが起こり、その動きのコピーが始まっても、その人はそれをコピーしないというルールです。このバリエーションは、基本のゲームを数回行った後に行うのが効果的。チームの行動に影響する力を1人がどのくらい持っているかについて質問してみましょう。

CHAPTER 4　チームが盛り上がって活性化するゲーム

# 16 ひと言リレーのストーリー

## ひと言ずつ言葉をつなぎ、全員でストーリーをつくっていくゲーム

**目的** 協力し合い、お互いを引き立て合う経験をする

**手順**
1. 1人ひと言ずつ言葉を言い、メンバー全員でストーリーをつくることを説明する。
2. 使う言葉は、おもしろいもので、先行の言葉をできるだけ意味あるものにする必要がある。
3. メンバーから1人選び、ひと言をあなたと交互に言い、例を実演する。
4. ストーリーが終わったら、別のストーリーを1～2本つくる。
   （回数を重ねたほうがうまくできる）

# ONE-WORDED STORIES

人数：15人程度

## こんなときに
- メンバーが効率よく協力し合っていないとき
- メンバーの自己中心的傾向が強くなり過ぎているとき

### 場所
どこでもOK

### 用意するもの
なし

**ストーリー例**

メンバー1：「ある晴れた日のこと」→メンバー2：「公園で」→メンバー3：「私のおじさんと」→メンバー4：「私の犬が」

**メンバーへの質問**

「後の人が自分が意図したのと違う言葉を言ったと感じた人はいますか？　そのときどんな気持ちでしたか？」（「腹が立った」「不満に感じた」など）
「チーム全員でつくったストーリーは、自分だけでつくったときのものと比べてどうですか？」（「より斬新で独創性がある」「つじつまが合わなくなる」など）
「ストーリーの展開が気に入らなかった人はいますか？　それはなぜですか？　これが仕事の場で起こったとしたら、どうしたらよいと思いますか？」
「どのストーリーが最も良かったですか？　それはなぜですか？」
「このゲームは、あなたの意図を理解していない人と仕事する場合とどのような関連があるでしょうか？」

**ゲームを成功させるコツ**

- 進行ペースを速く保つようにしましょう。そうしないと、ストーリーの流れがたびたび分からなくなってしまいます。
- 大きな声ではっきりと言葉を言ってもらいましょう。

**バリエーション**

- メンバーがパスしたいときに次の人を指名することを許可してみましょう。ゲーム後に、パスした人をどう思ったかメンバーにたずねてみます。仕事の場でも他の人より頻繁に「パス」する人はいるかなどについてもたずねます。
- 困っている人がいたら、その人の代わりにだれかが発言することを許可してみましょう。ゲーム後に、代わってくれた人をどう思ったかたずねます。
- まったく順番を決めず、だれでも言葉を追加したい人が発言するようにしてみましょう。ゲームを独占する人がいたか、参加できない人はいたかなどについてたずねます。

# 17 ペーパー・シャッフル

## シャッフル後の新聞を番号順、またはページ順に並べるゲーム

**目的** 協力し合いながらゲームを楽しみ、コミュニケーション・スキルを伸ばす

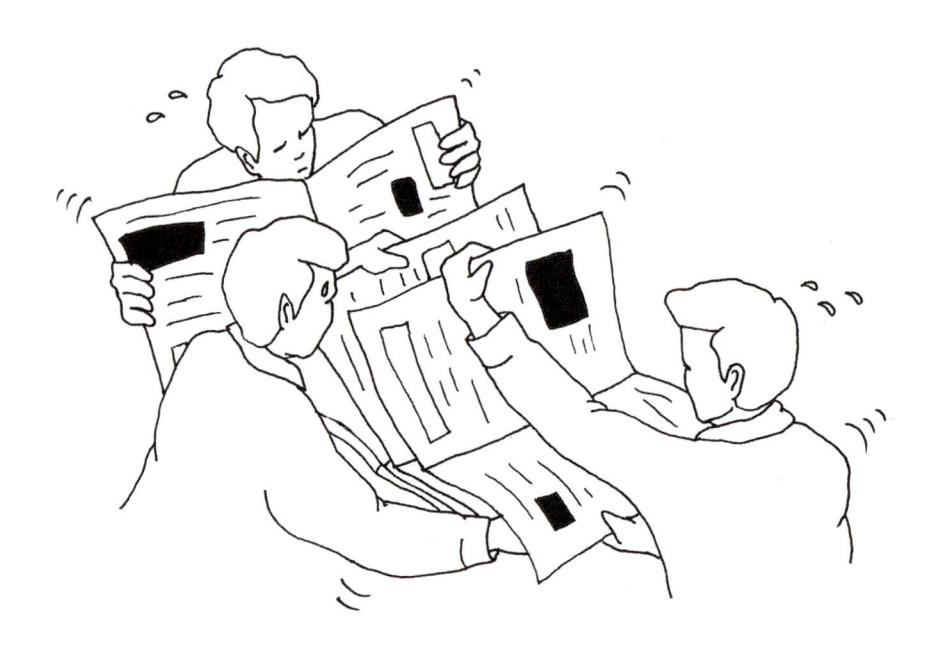

**手順**
1. メンバーを4〜6人のチームに分ける。
2. 各チームに完全にシャッフルした新聞を1部ずつ渡す。
3. 各チームは新聞を分類および整理して元の順序に戻す。

# PAPER SHUFFLE

人数：8人以上

### こんなときに
- メンバーが効率よく協力し合っていないとき
- 楽しいことをして笑い、お互いに打ち解ける必要があるとき

**場所**
どこでもOK

**用意するもの**
新聞1部（全ページを完全にシャッフルして順序を変えておく）をチーム数分

### メンバーへの質問
「このゲームはチームワークとどんな関係がありますか？」
（「協力し合う必要があった」「お互いの意見をよく聞く必要があった」 など）
「進め方についての意見をどのようにまとめましたか？」
「リーダー役を務めた人はいますか？ その人はどんな働きをしましたか？」
「このゲームは、実際の仕事とどのような関連があるでしょうか？」

### ゲームを成功させるコツ
- 各チームにまったく同じ新聞を渡すこと。新聞以外のものを使う場合は、必ずページ数が同じものを各チームに渡すようにします。
- 作業前または作業中にヒントを出したりアドバイスをしたりしないこと。チームのメンバーに自分たちで答えを見つけさせます。

### バリエーション
- 古本から切り取ったページを使ってみましょう。ただし、ページ番号を先に切り落とすこと。
- 手順書など、自分たちの組織の長い文書を使ってみましょう。
- ゲーム中にメンバーが話すことを禁止してみましょう。
- チームに分けることができないほど少人数の場合は、作業の実行にかかったタイムを測定してみましょう。新聞を再びシャッフルし、タイムを向上できるかどうかを確かめます。

CHAPTER 4　チームが盛り上がって活性化するゲーム

# 18 価値の共有

## チームにとって重要なことを
## お互いに共有し合うゲーム

**目的** チームで最も重要な価値について合意する

**手順**
1. 各メンバーに小さいほうの紙とペンを配り、自分たちの組織で重要だと思うことを3つ書き出す時間を2分間与える。
2. メンバーを4〜6人のチームに分け、チーム内で各自が紙に書いたことを教え合う。
3. 教え合ったすべての項目のうち上位3つは何か、チームで意見をまとめる。
4. 各チームに大きいほうの紙とカラーペン数本を配る。
5. 各チームは、単語、記号、絵などを使って、チームの3つの重要事項を表すポスターを作成する。
6. 10分後、各チームは全員の前でポスターを発表する。

# SHARED VALUES

人数：8人以上

### こんなときに
- これから重要なプロジェクトや作業が開始されるとき
- メンバーの中に、素直に話を聞いてくれない人がいるとき
- 団結力を高めたいとき

### 場所
作業できる机があるところ

### 用意するもの
A5程度の紙、ペンを参加人数分／A3程度の紙、カラーペン数本をチーム数分

---

**項目例**

顧客に対する責任、チームワーク、リーダーシップ、品質重視など。

**メンバーへの質問**

「どのチームにも共通する項目はありましたか？」
「チーム内の反対意見には、どのように対処しましたか？」
「重要事項を見失ってしまう原因は何でしょうか？」
（「期限に追われている」「他の人がそのように行動しない」など）
「これらの価値観を持つことは、目標達成にどのように役立つでしょうか？」
「このゲームは、実際の仕事とどのような関連があるでしょうか？」

**ゲームを成功させるコツ**

- ポスターは、創造性を発揮して表現豊かにつくるよう、うながします。
- 時間内に終わらないチームがいるときは、何が障害となっていたのかたずねます。その後、どうすればその障害を避けられたかをたずねてみましょう。
- 後日、実際の仕事でどの項目を実践しているか、折に触れてたずねます。

**バリエーション**

- ミッションを持っていない組織（または部門）の場合は、ミッションはこうであるべきというポスターを作成させます。ミッションは組織の存在意義を表明するものであり、目標を表明するものではないことに注意しましょう。
- ビジョンを持っていない組織（または部門）の場合は、ビジョンはこうであるべきというポスターを作成させましょう。ビジョンは将来到達する理想を表明するものです。

# 19 ラベル

## 額につけたラベルどおりにお互いを扱うゲーム

**目的** 一般論や偏見で扱われる経験をして、それらがどのように協力を妨げるかについて学ぶ

**手順**

1. ラベルに次のような指示を書く(「私に反論してください」「私を無視してください」「私をリーダーのように扱ってください」「私を笑ってください」「私に賛成してください」など)。
2. メンバーを6人のチームに分け、各チームにラベルを6枚ずつ裏返しにして渡す。
3. チームのメンバーはそれぞれ、隣の人の額にラベルを貼りつける。
4. 自分のラベルに書かれていることは分からない。何が書かれているか教え合わないこと。
5. 7分間で、チームに何かの計画を立てさせる(部門のピクニックなど)。
6. そのとき、各メンバーに貼られているラベルに書かれている内容に応じた反応と応答をする。

# LABELS

人数：12人以上

### こんなときに
- チームのメンバーの多様性を理解し、団結する必要があるとき
- 一般論や偏見がコミュニケーションと協力を妨げているとき

### 場所
どこでもOK

### 用意するもの
ラベル6枚をチーム数分 ※少し離れていても文字が読み取れるくらいの大きさのもの

**メンバーへの質問**

「計画を立てられましたか？ できた理由、できなかった理由は何でしょうか？」
「結果に満足ですか？ それはなぜですか？」
「ラベルのとおりに人を扱うことをどのように感じましたか？」
（「自分ではないような気がした」「おもしろかった」など）
「自分への対応のされ方についてどのように感じましたか？」
（「不満を感じた」「腹が立った」「イライラした」など）
「このゲームは、実際の仕事とどのような関連があるでしょうか？」

**ゲームを成功させるコツ**

チームの人数はあなたの判断で調節してもOKです。たとえば、メンバーが11人の場合、6枚のラベルのセットから1枚を取り除き、1つのチームを6人、もう1つのチームを5人にして、全員が経験できるようにしましょう。メンバーが13人の場合は、7枚目のラベルを用意します。

**バリエーション**

- プロジェクトの関係者やさまざまなタイプの顧客などを表すラベルをつくってみましょう。
- 6～8人の1チームだけにラベルをつけてゲームをしてもらいましょう。他のメンバーはそれを観察します。
- ピクニックを計画させる代わりに、実際の仕事上の問題や課題について話し合わせてみましょう。

CHAPTER 4　チームが盛り上がって活性化するゲーム

## 20 クレヨンの虹

# クレヨンを使って
# チームの多様性を表すゲーム

**目的** チームの類似性と多様性を理解する

**手順**
1. 各メンバーに1本ずつクレヨンを配る。
2. 自分の色と近い色のクレヨンを持つ相手とペアを組ませる。
3. 2分間でお互いに個人として似ているさまざまな点を見つける。
4. 今度は、自分の色とまったく違う色のクレヨンを持つ相手とペアになる。
5. 2分間でお互いに個人として違うさまざまな点を見つける。
6. メンバー全員で輪になる。各メンバーは色が最も近い人の隣に立つ。これで円形の虹のようなものがつくられる。この状態で感想会を行う。

## RAINBOW OF DIVERSITY

人数：10～20人程度

### こんなときに
- メンバーがお互いをあまりよく理解していないとき
- メンバーが団結する必要があるとき

**場所**
どこでもOK

**用意するもの**
参加人数分の色数があるクレヨン

**メンバーへの質問**

「色が似ている相手から何を学びましたか？」
「色が異なる相手から何を学びましたか？」
「この輪はチームのどんなことを表していますか？」
（「私たちは全員で1つだ」など）
「このゲームは、実際の仕事とどのような関連があるでしょうか？」

**ゲームを成功させるコツ**

「正しい」類似色や反対色を気にし過ぎないようにすることです。

**バリエーション**

- 1枚の紙にカラフルな作品を描いてもらいましょう。各メンバーは自分の色を使って順番に描いていきます。各色は全体の仕上がりにどう貢献しているか、作品を美しく仕上げるには各色を同じくらい使わなければいけないのだろうかなどについてたずねます。
- 色の近い相手とペアになったときには、チームの成功に貢献する、2人に共通の長所を見つける、など。また、色が異なる相手とペアになったときには、お互いの長所を見つける、相手のスキルまたは能力からどのように学んだり評価したりできるかを見つける、などもよいでしょう。

## 21 私の長所

# メンバーが自分の長所を
# 語り合うゲーム

**目的** 自分がチームにとってどのくらい価値があるかを認識する

**手順**
1. メンバーにペアをつくってもらう。
2. どちらかが相手にノンストップで3分間、最近仕事で達成したことについて語る。
3. 話し手が自分の業績を小さく評価した場合は、聞き手は「異議あり！」と言う。その場合、話し手は自分のコメントを撤回しなければならない。
4. それ以外の場合は、聞き手は何も話してはいけない。
5. 終了後、役割を交代してくり返す。

## WHAT I LIKE ABOUT ME

人数：2人以上

### こんなときに
- メンバーの自尊心を高める必要があるとき
- メンバーが団結する必要があるとき

### 場所
どこでもOK

### 用意するもの
なし

---

**会話例**

話し手「取引先○○○が電話で厳しい質問をしてきたとき、最初はまごつきました。そこでマイケルに相談したら、あまり緊張せずに先方に回答できました。もちろんマイケルならばもっとうまく処理できたと思いますが、少なくとも私は…」
聞き手「異議あり！」
話し手「分かりました。言い直します。私はマイケルの助力があって先方に回答できました。この他に私が達成したことは…」

**メンバーへの質問**

「質問や思ったことを言えない状態で話を聞くのはどんな気持ちでしたか？」
（「息が詰まるような気がした」「退屈だった」など）
「聞き手に確認できずに話をするのはどんな気持ちでしたか？」
（「自分勝手な気がした」「話が理解されているのかどうか不安だった」など）
「自分の自己認識についてどう思いましたか？」（「自分の長所を語るのは落ち着かない」「他人が自分をどう思っているか気にし過ぎた」など）
「このことが自分の仕事スタイルにどんな影響を与えていると思いますか？」

**ゲームを成功させるコツ**

話し手が最も苦労するのは、話し続けることです。話すことがなくなった場合は、どんどん過去にさかのぼってもかまわないことを伝えます。

**バリエーション**

- 競争要素を加えてみましょう。聞き手は、話し手が5秒以上言葉を発しないとき1ポイント、「異議あり！」と指摘したとき5ポイントを獲得します。ゲーム後に、競争のプレッシャーが話し手に影響を与えたかどうかたずねてみましょう。
- 話し手の話の内容を、最近チームで取り組んだ特定のプロジェクトに限定してみます。この場合、各メンバーがチームのために果たした役割が見えやすくなります。
- 感想会の質問と応答を、チーム全体ではなく、ペアで実施してみましょう。

## 22 長所を表すアイテム

# 仕事に関するアイテムでチームに対する自分の貢献を表すゲーム

**目的** チームの成功に対する自分の貢献および他のメンバーの貢献を理解する

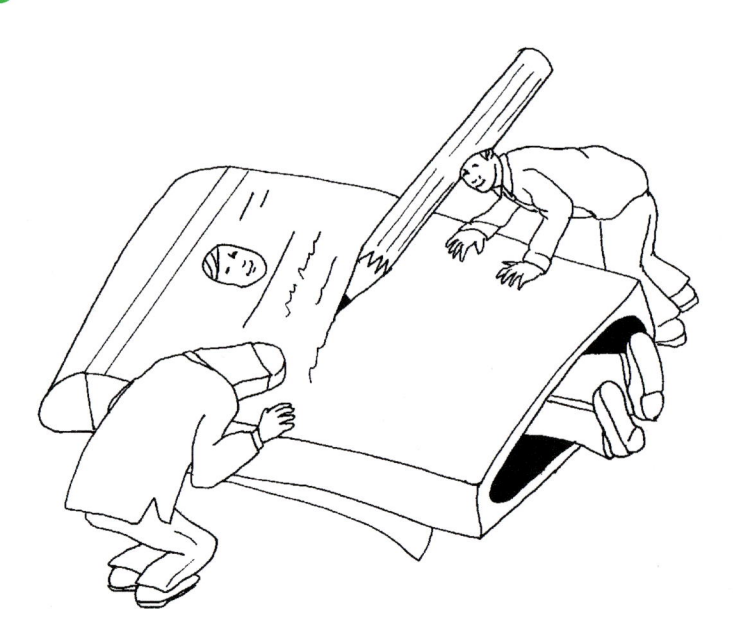

**手順**
1. チームに対して、自分がどのように貢献しているかを最もよく表していると思うアイテムをメンバーに選ばせる。
2. 各メンバーは、そのアイテムを選んだ理由をチームに発表する。
3. 全員のアイテムを組み合わせて、1枚の絵を作るつもりで机の上に並べる時間を5分間与える。個々の部分がどのようにチームを強化しているか、および成功に貢献しているかを示すようにする。

# JUNK TO JEWELS

人数：10人程度

## こんなときに
- 重要なプロジェクトや作業が開始されるとき
- メンバーが職務遂行能力に自信を持っていないとき
- メンバーどうしが団結する必要があるとき

## 場所
アイテムを置く机があるところ

## 用意するもの
職場によくある基本的なアイテム ※クリップ、消しゴム、電卓、ホチキス、付箋など

### 解答例
「私は電卓を選びました。分析的に考える傾向があるからです」
「私も電卓を選びました。私の場合は、細部にこだわる性格だからです」

### メンバーへの質問
「同じアイテムが別の人の異なる個性を表すのはなぜでしょうか？」
「すべてのアイテムを絵に組み込む作業をしているとき、どんなことを考えていましたか？」
（「ホチキスをどう組み込んだらよいのかよく分かりませんでした」「私はペンをもっと真ん中に置きたいと思いました」など）
「このゲームは、実際の仕事とどのような関連があるでしょうか？」

### ゲームを成功させるコツ
- 人数が15人より多い場合は、複数のチームに分けます。
- 複数のメンバーが（おそらくは違った理由で）同じアイテムを選べるように、各アイテムは2個以上机に用意します。
- メンバーが長所について発表しているときにあなたも話し合いに加わった場合は、感想会は省略できます。

### バリエーション
- 自分の性格を最もよく表すアイテムを選んで理由を説明することにすれば、このゲームをより個人的なものにできるでしょう。
- これを自己開発ゲームにしてみましょう。その場合、自己開発したい面を最もよく表すアイテムを選んでもらいます。

# 23 逆から読むアルファベット

## アルファベットをZから逆に唱えるゲーム

**目的** それぞれ異なる学習スタイルで1つの目標を一緒に達成し、チームの自信を高める

**手順**
1. あなたと一緒にアルファベットを唱えるようにメンバーに求める。普通の速度で唱え、むやみに速く唱えないこと。
2. 目的は同じくらいの速さで逆から唱えることだと告げる。
3. メンバーは、アルファベットの逆順を覚えるために、部屋の中にあるもの(ペン、他のメンバー、あなたなど)を何でも使ってよい。
4. 準備と練習の時間を12分間与える。
5. あなたがリードし、始めから唱えたときと同じ速度で、逆からアルファベットを唱える。

# ZYX

人数：制限なし ∞

## こんなときに
- 急激に大量の知識の習得が必要とされているとき
- チームが目的を達成する自信を持っていないとき

**場所**
どこでもOK

**用意するもの**
なし

**解答例**
Z、Y、X、W、V、U、T、S、R、Q、P、O、N、M、L、K、J、I、H、G、F、E、D、C、B、A

**メンバーへの質問**
「最初にルールを聞いたときはどのように思いましたか？」
（「不可能だと思った」「ばかばかしいと思った」「できないと思った」など）
「最も役立ったのはどんな戦略ですか？」
（異なる学習スタイルを示唆する発言が出るまで問い続ける）
「他のメンバーに助力を申し出たり、彼らの助力を求めたりしましたか？　それはなぜですか？」
「全員でより効率的に学ぶためには、他にどんな方法があったでしょうか？」
「このゲームは実際の仕事とどのような関連があるでしょうか？」

**ゲームを成功させるコツ**
学習スタイルは人によって異なります。だれがどのスタイルで習得に成功したかを注意して見ること。
- 視覚系の人：アルファベットを逆から書き出して、くり返し見て覚える。
- 聴覚系の人：アルファベットを何度も声に出したり、歌ったりして覚える。
- 運動感覚系の人：歩き回ったり、落書きしたりするなど、体を動かして覚える。

**バリエーション**
- 競争意識の高いチームには、個別にアルファベットを逆順で唱えてもらいます。タイムを測定するのもよいでしょう。
- チームの人数が6～8人より多い場合は、小さいグループに分け、最後に決勝戦を行います。

# CHAPTER 5

# チームに交渉力・創造力がつくゲーム

# 24
2枚の硬貨

## 2枚の硬貨をめぐって交渉し合うゲーム

**目的** 多数決以外で、簡単な問題の解決策を見つける

**手順**
1. メンバーを3人1組のチームに分ける。
2. 各チームに2枚の硬貨を渡す。
3. 3人のうちだれが硬貨をもらうか、5分間で決めさせる。
4. 他の方法で決まらない場合は、多数決で決めることを許可する。
5. 最後まで決まらなかったチームから硬貨を没収する。

# $2 NEGOTIATION

人数：3人以上

## こんなときに
- メンバーがチームの方針に従わずバラバラなとき
- いろいろな解決法を見つける力を訓練する必要があるとき
- 多数決に頼ってばかりいるとき

### 場所
どこでもOK

### 用意するもの
3人1組のチームごとに2枚の硬貨

### 解答例
- 息子のサッカーチームに寄付するという条件で1人が2枚獲得。
- 1人が2枚獲得することで合意。ただし、その人は残りの2人に1分間ずつ肩もみをする。

### メンバーへの質問
「どんな戦略を使いましたか？ どの戦略が最も役立ちましたか？」
「多数決で決めましたか？ そうしたのは（そうしなかったのは）なぜですか？」
「時間制限はどんな影響を与えましたか？」
（「気が急いた」「より攻撃的になった」など）
「他の人が何を望んでいるかをどのように探りましたか？」
（「率直に聞いた」「彼らが提示してくる条件が望んでいるものだと考えた」など）
「このゲームは、実際の仕事とどのような関連があるでしょうか？」

### ゲームを成功させるコツ
- 硬貨を獲得した人は、実際にもらえることを強調します。
- 2人が1枚ずつ硬貨を獲得することも、1人が2枚とも獲得することもできます。

### バリエーション
- 交渉する硬貨を1枚だけにしてみましょう。
- メンバー全員にとって価値があるものを硬貨の代わりに使ってみましょう。
- メンバーを2人1組に分け、硬貨を1枚渡してみましょう。

# 25 三角形のカード

## 4つに切断したカードをチーム間で交換して完全なカードにするゲーム

**目的** 自分が働きかけて説得する前に、相手の見通しを予測することを学ぶ

**手順**
1. メンバーを3〜4人のチームに分ける。
2. 各カードを両方の対角線で切る。1枚につき4つの三角形ができる。
3. カードの断片をすべてよく混ぜ、チーム数分の封筒に等分して入れる。
4. カードの断片が入った封筒を各チームに渡す。
5. 中身を確認して断片を分類し、交換のための戦略を練る時間を3分間与える。
6. 交換する時間を8分間与える。
7. 完成したカードの枚数を数える。勝利チームを発表する。

# CARD TRIANGLES

人数：9人以上

### こんなときに
- メンバーがチームの方針に従わずバラバラなとき
- 営業スキルを磨く必要があるとき
- 交渉スキルを磨く必要があるとき

### 場所
作業できる机があるところ

### 用意するもの
封筒をチーム数分／トランプ1組／ハサミ

**メンバーへの質問**

「どんな戦略が最も成功しましたか？」
(「相手が欲しがっているものを予測してそれを提供した」「強気で攻めた」「感じをよくした」など)
「交換している間に戦略はどう変わりましたか？ それはなぜですか？」
「成功するにはどんなスキルが必要でしたか？」
(「相手の話を聞く能力」「共感する能力」「個人的に接触を持つ能力」など)
「実際の仕事では、どんな場面で時間、情報、手段を交渉していますか？」
「このゲームは、実際の仕事とどのような関連があるでしょうか？」

**ゲームを成功させるコツ**

- このゲームには少なくとも3チームが必要なので、人数が足りない場合は2人1組のチームに分けます。
- 個人で交換してもチーム全員で交換しても OK です。
- 複数のチームが同盟を作っていないかどうか注意します。そのことについては感想会でコメントしましょう。

**バリエーション**

- 人数が少ない場合は、メンバー1人1人に封筒を渡し、チームではなく個人で交換してもらうようにしましょう。
- 交換を4分間行った後、チームを合併する時間を2分間与えます。この時間内に合併したい2つのチームは合併し、交換を再開します。このバリエーションで行うときは、チーム数が偶数であることを確認すること。感想会では、合併するかどうか、どのチームと合併するかについて決めるときに影響した要因についてたずねましょう。

## 26 聞く力

# 賛成でも反対でも、相手の意見をじっくり聞くゲーム

**目的** 自分の意見はどうあれ、相手の話をじっくり聞く練習をする

**手順**
1. 各セットのカードに、それぞれ意見の分かれるトピックを書いておく。
2. メンバーにペアをつくってもらい、カードのセットを各ペアに渡す。
3. 1人がカードを引き、そのトピックについての意見を3分間ノンストップで話す。聞き手は何も言わず、聞くだけにする。
4. 3分後、聞き手は聞いたことを1分間で要約する。これは反論や賛成するための時間ではなく、単に要約するための時間である。
5. 役割を交代し、新しいトピックでくり返す。

# LISTEN UP

人数：2人以上

### こんなときに
- チーム全体が話をよく聞かない傾向があるとき
- メンバーの中に、素直に話を聞いてくれない人がいるとき
- メンバー間の理解が足りないとき

### 場所
どこでもOK

### 用意するもの
10〜15枚の名刺大のカードをチーム数分／ストップウォッチや秒針つきの時計

**トピック例**
妊娠中絶、安楽死、死刑、年金改革、憲法改正、夫婦別姓、脳死、少年法、エイズ、核兵器など。

**メンバーへの質問**
「何も言えない状態で相手の話を聞くのをどう感じましたか？」
（「不満を感じた」「相手の話をよく聞くことができた」など）
「相手が何も言わずに聞いている前で話すことをどう感じましたか？」
（「きちんと聞いてもらっている気がした」「不満を感じた」など）
「聞き手の要約はどうでしたか？」
「実際の仕事で、集中して話を聞くことが特に重要なのはどのような場面でしょうか？」
「このゲームは、実際の仕事とどのような関連があるでしょうか？」

**ゲームを成功させるコツ**
話し合いたくないトピックがある場合は、最大2つまで拒否することを許可するとよいでしょう。

**バリエーション**
- トピックをすべて、自社の業種、分野、または組織に関連あるものにしてみましょう。
- 最初の人があるトピックで3分間話したあと、2番目の人が同じトピックで3分間話す。2人それぞれが1人で話したときは、2人が同じトピックで話し合ったときとどのように違うか話し合ってみましょう。

CHAPTER 5　チームに交渉力・創造力がつくゲーム

# 27 折り紙

## 目をつむって、指示通りに紙を折っていくゲーム

**目的** 指示をできる限り明確にする必要性を知る

**手順**
1. メンバーに紙を1枚ずつ配る。
2. あなたが紙の折り方を指示することを全員に告げる。
3. 全員に目をつむってもらう。途中で目を開けること、および指示の間に質問をすることを禁止する。
4. 数段階の紙の折り方とちぎり方を指示する。
5. 目を開けることを許可し、折った紙を広げて他の人とどう違うか比べてもらう。

# ORIGAMI

人数:5人以上

### こんなときに
- コミュニケーションに綿密さが足りないとき
- 相手は分かっているはずだという思い込みが強いとき

**場所**
作業できる机があるところ

**用意するもの**
正方形の紙を参加人数分

**指示例**
「紙を半分に折ります」
「それをさらに半分に折ります」
「右の角をちぎります」
「裏返して上の角をちぎります」

**メンバーへの質問**
「皆さん同じ結果になりましたか? それはなぜでしょうか?」
「目を開けていたら、結果はどうだったでしょうか?」
(「他の人のやり方を見て同じようにした」など)
「指示を受けている間、どんな気持ちでしたか?」
(「混乱した」「質問したかった」「不満を感じた」など)
「どんな指示だったらもっと良かったでしょうか?」
「このゲームは、実際の仕事とどのような関連があるでしょうか?」

**ゲームを成功させるコツ**
- ゆっくり慎重に指示を出します。失敗させたりだましたりするのが目的ではありません。
- メンバーの紙の折り方を直さないこと。正しい折り方があるわけではなく、指示は意図的にあいまいにしておきます。
- 目を開けている人がいないかどうか気をつけます。反則は厳禁です。

**バリエーション**
- メンバーのうちのだれかに指示を出してもらいます。感想会の後、同じ結果になる人が増えるかどうか試してみましょう。
- 目を開けて作業することを許可し、より複雑な折り方をしてもらいましょう。
- 何らかの形にするための指示を出します。

CHAPTER 5　チームに交渉力・創造力がつくゲーム

# 28 洗濯機

## 中古洗濯機を売るために いろいろな方法を考えるゲーム

**目的** 他者の視点から物事を捉え、斬新な解決策を考える練習を行う

**手順**
1 メンバーを3～6人のチームに分ける。
2 チームはそれぞれ売れない中古洗濯機を1万台かかえていると告げる。
3 その洗濯機を商品化する方法を考え、チーム外のメンバーに売る宣伝（30秒のコマーシャル）を制作するように指示する。
4 チームでの作業のために8分間与える。
5 各チームは他のメンバーに対してコマーシャルを提示する。
6 どの方法が最も売り上げにつながりそうか投票させる。

# WASHING MACHINES

人数:6人以上

### こんなときに
- メンバーがチームの方針に従わずバラバラなとき
- 創造的思考があまり行われていないとき
- 営業スキルを向上させる必要があるとき

### 場所
どこでもOK

### 用意するもの
ストップウォッチや秒針のある時計

**商品化の例**
- 氷を敷き詰めてビールを入れ、パーティで使う。
- 布地を染める染料を混ぜる容器として使う。
- おもちゃ箱として使う。

**メンバーへの質問**
「どのような経緯でその方法になったのですか?」
「中古の洗濯機をどのような物だと想定して営業活動をしましたか?」
(「洗濯関連だと想定した」「色を塗るか、元の状態を変えることができると考えた」など)
「その想定によって創造力はどのように制限されましたか? あるいはふくらみましたか?」
「自分たちの創造性はどのくらい発揮できたと思いますか?」
「このゲームは、実際の仕事とどのような関連があるでしょうか?」

**ゲームを成功させるコツ**
- 中古洗濯機がまだ機能するかどうかは各チームで決めさせます。
- 困っているチームがある場合は、アイディアを提供して創造的思考の糸口を与えます。
- コマーシャルの長さは30秒しかないこと、あなたが時間を計ることを強調します。

**バリエーション**
- 30秒のコマーシャルの代わりに、紙などに雑誌の全面広告を作成するようにしてみましょう。広告が掲載される雑誌とその雑誌である理由を説明します。
- 30秒のコマーシャルの代わりに、紙などにウェブサイトのイメージを描いてみます。そのウェブサイトの機能などについて説明しましょう。
- 中古洗濯機の代わりに、機能しないコンピュータ・モーター、使わなくなったダイエット器具など、意外なアイテムを使います。

## 29 フィードバック

# 「〜ですが」ではなく「〜なので」を使ってフィードバックするゲーム

**目的** 否定的な言葉は、建設的なフィードバックの妨げになりやすいことを知る

**手順**
1. メンバーにペアをつくってもらう。
2. 相手の服装について好ましい点とさらに良くする方法を考える時間を30秒与える。
3. 一方が相手に好ましい点を言い、「〜ですが」と続けて、さらによくするにはどうしたらよいかを伝える。
4. もう一方が相手に同じことを行う。
5. その後、各メンバーは今言った内容を「〜ですが」ではなく「〜なので」を使ってやり直す。

# BUT NOTHING

人数：制限なし ∞

### こんなときに
- フィードバックが効果的に受け止められていない傾向があるとき
- メンバーの中に、素直に話を聞いてくれない人がいるとき

**場所**
どこでもOK

**用意するもの**
なし

**会話例**
「素敵なネクタイですが、色を赤にすれば、もっと引き立ちますよ」
「素敵なネクタイなので、色を赤にすれば、もっと引き立ちますよ」

**メンバーへの質問**
「『〜ですが』を聞いたとき、どんな気持ちでしたか？」
(「気に障った」「身構えた」など)
「『〜なので』を聞いたときはどんな気持ちでしたか？」
(「安心した」「支持されている気がした」など)
「通常、『〜ですが』はどんな意味ですか？」
(「たった今聞いたことが無効になり、その後に真実がくる」)
「提案やフィードバックをするとき、『〜ですが』を頻繁に使うのはなぜでしょうか？」
「このゲームは、実際の仕事とどのような関連があるでしょうか？」

**ゲームを成功させるコツ**
- いくつかの例をあげ、言い方によって印象がどう違うかをメンバーに示します。
- 「〜ですが」という言葉には、前に言った内容を打ち消す効果があることを指摘します。

**バリエーション**
- お互いの服装について言いにくいのであれば、食堂のコーヒー、2人とも見たことがある映画など、別のものを選びましょう。
- ミーティングの後、ミーティングについてのフィードバックを「〜ですが」を使わずに述べてもらいましょう（「議題は良かったので、次回はもっと議題に集中できるとよいと思います」）。
- お互いにフィードバックを与えることにすでに抵抗がないチームの場合は、服装の代わりに最近の業績についてフィードバックし合うようにしましょう。

CHAPTER 5 　チームに交渉力・創造力がつくゲーム

# 30 沈黙は金なり

## お互いに口をきかずに、理想の職場環境を描くゲーム

**目的** 言葉を使わずに、どのくらいコミュニケーションできるかを理解する

**手順**
1. メンバーを4～6人のチームに分ける。
2. 各チームに紙とカラーペン数本を配る。
3. チームにとって理想的な職場環境の見取り図または絵を描かせる。予算を考慮する必要はないので、創造性を発揮して楽しんで描く。
4. 10分後、各チームは描いた図を発表する。

# SILENCE IS GOLDEN

人数：8人以上

### こんなときに
- 顧客、仕入先、提携先などとうまくコミュニケーションできていないとき
- 言葉以外のシグナルが原因でチーム内で衝突が発生しているとき

**場所**
作業できる机があるところ

**用意するもの**
A3程度の紙／カラーペン数本／すべてをチーム数分

**メンバーへの質問**

「すべての図に共通するものはありますか？」
「どのようにしてコミュニケーションをとりましたか？」
（「身ぶりで示した」「紙切れに小さな絵を描いた」「筆談した」など）
「どのくらい正確にコミュニケーションをとることができましたか？」
（メンバーは、言葉を使わなくてもコミュニケーションをとれたことに驚くだろう）
「このゲームは、実際の仕事とどのような関連があるでしょうか？」

**ゲームを成功させるコツ**

- ゲームを行う前に、筆談を許可するかどうか決めておきます。
- 研究によれば、コミュニケーション内容の7％が言葉、38％が口調、55％が言語以外のシグナルで伝わるといいます。電話の場合は、18％が言葉、82％が口調で伝わるそうです。
- ゲーム中はメンバーの行動を観察し、効率の良い行動があったら、その行動を感想会で紹介しましょう。

**バリエーション**

- 紙とカラーペンの代わりに、粘土や積み木を使ってみましょう。
- 組織が現在抱えている問題の解決策を描かせてみましょう。この場合、難易度が高まり、時間も長く必要になります。

## 31 改善しなさい

# はっきりした目的を持たずに席順をすばやく改善するゲーム

**目的** 意図や目的は具体的である必要があることを学ぶ

**手順**
1. きっかり60秒で席順を改善するようにメンバーに言い渡す。
2. それ以外の指示は出さない。時計を見て、「さあ、始めてください！」とだけ言う。
3. メンバーが具体的にどうすればいいか質問してきても、最初の指示をくり返すだけにする。
4. 60秒後、ゲームをストップし、話し合う。

# IMPROVE THIS

人数：10人程度

### こんなときに
- 具体的な目標を設定する大切さを理解する必要があるとき
- 思い込みをする傾向があるとき
- 指示を具体化する質問をしない傾向があるとき

### 場所
椅子が人数分あるところ

### 用意するもの
椅子を参加人数分／ストップウォッチや秒針つきの時計

**メンバーへの質問**

「目標は達成できましたか？」（「はい、自分が窓際に来れたからです」「いいえ、目標が何なのかよく分かりません」など）

「あなたたちの目標は何でしたか？ それは明確でしたか？」

（明確だったと考えている場合は、「改善」について定義してもらう。その後、前方に席を増やすこと、もっとよい円形に配置することなどがいずれも「改善」に当てはまらないことを示す）

「指示をはっきりさせるよう求めましたか？ なぜ求めなかったのですか？」

（求めたとき、どんな結果になりましたか？）

「この状況は、実際の仕事とどんな関係がありますか？」（「目標や具体的な成功基準をはっきりさせないまま、目標を達成しようとしていることがある」など）

「実際の仕事で、このような事態を回避するにはどうしたらよいでしょうか？」

**ゲームを成功させるコツ**

- 指示を出した後、質問があるかどうかたずねないようにします。
- メンバーが直接、はっきりした指示を求めてきたら、「『改善』が何を意味するのか自分たちで決めなさい。全員大人なのだから当たり前でしょう」と答えてください。感想会では、この答えが実際の仕事の場合といかに似ているか指摘します。
- 配置を変更しているとき「何だか分からないけれど、とにかくやってみよう…」などという声が聞こえるでしょう。このようなコメントを感想会で取り上げます。

**バリエーション**

特定の仕事の目標を与えて改善してもらいましょう。その際、たとえば、「注文処理を改善しなさい」といった目標では、不明確です。優れたカスタマー・サービスとはどんなものかを明確にせずに注文処理を改善するのは難しいもの。「もっとお客様の役に立つ」も、同じく不明確といえます。

# 32 コンサルタント

## 仕事上の問題の対処法を
## お互いにアドバイスするゲーム

**目的** 問題解決のヒントを得たり、
仕事上の問題に対する斬新な対処方法を見つける

**手順**
1. メンバー全員で輪になって座り、紙とペンを配る。
2. 各メンバーは2分間で現在抱えている問題を紙の一番上に書く。
3. 各メンバーは書いた紙を左側の人に渡す。
4. 書かれた問題を読み、アドバイスを書く時間を1分間与える。
5. 紙を左側の人に送り、同様にアドバイスを書く。
6. 1周するまで続ける。

CONSULTANTS

人数：8人程度

## こんなときに
- メンバーどうしがあまり効果的に助け合っていないとき
- 他のメンバーの意見や助力の価値を認識する必要があるとき

**場所**
どこでもOK

**用意するもの**
A4程度の紙1枚とペンを参加人数分

**例**

問　題：否定的なフィードバックをするとき、目を合わせられない。
解決策：● 鏡で練習する。
- 自分のフィードバックが相手を攻撃するものではないこと、あるいは相手が身構えるものではないことに自信を持てば、それほど難しいことではなくなるだろう。
- 友人とロールプレイをする。
- 自分が心配しているほど否定的ではないこともある。

**メンバーへの質問**

「本当に役立つアドバイスをもらった人はいますか？」
「アドバイスしなければならない立場になったことを、どう思いましたか？」
（「困った」「光栄に思った」「いいアドバイスが思いついてうれしかった」など）
「私たちがお互いにあまりアドバイスを求めないのはなぜでしょうか？」
（「負担をかけたくないから」「自分で答えを見つける必要があるから」など）
「このゲームは、実際の仕事とどのような関連があるでしょうか？」

**ゲームを成功させるコツ**

- メンバーがアドバイスを思いつかない場合は、励ましの言葉を書いたり、別のアドバイザーを提案してよいことにしましょう。
- アドバイスは、斬新である必要も完全である必要もありません。あまり良いアドバイスではないとしても、他の人がもっとよいアドバイスを思いつくヒントになります。

**バリエーション**

- 最初の人が簡単に自分の問題を説明します。他の人は全員、順番に声に出してアドバイスします。
- このゲームは、問題解決のためではなく、アイディアを生み出すときにも使えます。たとえば、休日の夕食にふさわしいレストランはどこか、地域サービスへの参加を増やすにはどうしたらよいかなど。

# 33
第一印象

## 雑誌からピックアップした人物についての第一印象を決定するゲーム

**目的** 他者が持つ第一印象がどれだけ強く、重要であるかを知る

**手順**
1. メンバーを4〜6人のチームに分ける。
2. さまざまな人物の写真が入っている封筒を各チームに渡す。
3. 6分間でその人物の写真から受ける第一印象について話し合う。
4. チームが最も強い第一印象を受けた写真について、全員の前で報告する。

# FIRST IMPRESSION

人数：8人以上

### こんなときに
- 第一印象がチームの成功に不可欠であるとき
- 制服など、必要とされる「外見」にメンバーが抵抗を示しているとき

### 場所
どこでもOK

### 用意するもの
封筒／雑誌から切り取った人物の写真4〜5枚／すべてをチーム数分

**発表例**
「この女性はおそらく何かの専門家です。この毅然とした様子をごらんください。自己主張がはっきりしていて、強い自信を持っている人だと思われます。それに、このネックレスをごらんください。『成功』を誇示しているようではありませんか？」
「いいえ、そのネックレスは注目を集めるためだと思います。ですが、自己主張が強そうだということには賛成します。また…」

**メンバーへの質問**
「写真の人物の第一印象について、チームの意見に賛成することができましたか？」
「私たちに対して、外部の人々はどんな判断をしているでしょうか？」
「このゲームは、実際の仕事とどのような関連があるでしょうか？」

**ゲームを成功させるコツ**
- 感想会では、第一印象そのものが妥当かどうかを話し合わないようにしましょう。
- 第一印象は持たれるものであることを受け入れ、その事実を組織のためにいかに利用するかに焦点を当てましょう。

**バリエーション**
- 表情、服装、身ぶりなど、あなたが重視したい箇所から受ける第一印象に限定することもできます。
- 自分たちのチームに最も加わってほしい人物、および最も加わってほしくない人物を決めさせ、その理由をたずねてみましょう。

# CHAPTER 6
# 変化に負けないチームをつくるゲーム

# 34 失敗から学ぶ

# それぞれが克服した仕事上の失敗について話し合うゲーム

**目的** 失敗を克服して、成功を収める方法を学ぶ

**手順**

1 メンバーにペアをつくってもらう。
2 仕事上で経験した失敗について思い出す時間を2分間与える。
3 どちらが先に話すのかを決めてから、
  仕事上で経験した失敗について3分間で相手に話す。
4 そのときに次の質問をお互いにし合う。分かりやすいように、
  ホワイトボードなどに書いて提示しておく。
  a. その失敗が大変だったのはなぜですか？
  b. うまく対処する秘訣は何でしたか？
  c. 失敗する前、最中、後はそれぞれどんな気持ちでしたか？
5 終了後、交代をうながす。

# CHANGE TIME LINE

人数:2人以上

## こんなときに
- メンバーが目的を達成する自信を持っていないとき
- メンバー間のフォローが足りないとき

**場所**
どこでもOK

**用意するもの**
なし

**メンバーへの質問**

「このような経験を教え合うのはどんな気持ちでしたか？」
(「親近感を感じた」「共通点が多いことに気がついた」「共感した」など)
「ペアの相手の失敗への対処方法を聞いて、どんなことを学びましたか？」
「このゲームは、実際の仕事とどのような関連があるでしょうか？」

**ゲームを成功させるコツ**

- 話すのに抵抗のないものだけ教えればよいことを、あらかじめ伝えておきましょう。
- メンバーが何を話せばいいか戸惑っている場合は、例をいくつかあげるとよいでしょう。

**バリエーション**

- 最初のペアでゲームが終わったら、別の人とペアを組んでゲームをくり返してみましょう。
- 3〜6人のグループでゲームを行ってみましょう。この場合、時間は長くかかりますが、より多くの経験を聞き、学ぶことができます。

## 35 カードの巨塔

# カードを使って、できるだけ高い
# タワーをつくるゲーム

**目的** 状況の変化によって起こる困難を克服し、目的を達成する方法を探す

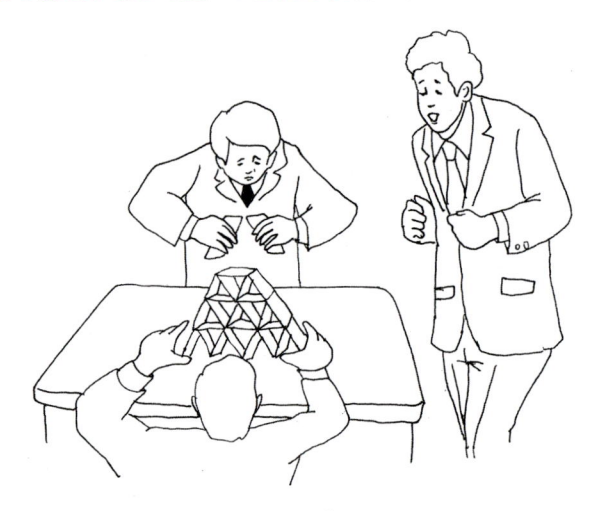

**手順**

1 メンバーを3～5人のチームに分ける。
2 各チームに25枚のカードとテープを渡す。
3 各チームは5分間で、できるだけ高さのあるタワーをつくる。
  何かで支えることはできず、与えられたものだけを使ってつくる。
4 全部のタワーの高さを測定し終わったら、チームはタワーを壊す。
5 支給したテープは法律に違反していたことが分かり、
  回収しなければならないと全員に告げる。
6 各チームに新しく25枚のカードを渡す。
7 各チームは5分間で、できるだけ高さのあるタワーをつくる。
8 タワーの高さを測定し、1位を決定する。

# INDEX TOWERS

人数：6人以上

## こんなときに
- チームが仕事で数多くの変化を経験しているとき
- 絶え間なく変化する中で、創造性を発揮する必要があるとき

**場所**
作業できる机があるところ

**用意するもの**
50枚の名刺サイズのカード、テープをチーム数分／ものさしまたは巻尺

### メンバーへの質問
「1回目と2回目ではそれぞれ、どんなふうに構造を決めましたか？」
「2回目のとき、どんな方法がうまくいきましたか？」
（「もっと協力する」「カードをうまく積み重ねる方法が見つかった」など）
「このゲームは、実際の仕事とどのような関連があるでしょうか？」

### ゲームを成功させるコツ
- カードは折って使ってもかまいません。
- ほとんどのチームは、テープを使わずにより高いタワーをつくる方法を見つけます。方法が見つからないチームには、最終的にその方法を見つけることができると思うかどうかたずねます（練習する時間や戦略を立てる時間がもっとあるとしたら）。
- カラーのカードを使うと、チームは高さだけでなく美しいかどうかも目指すようになります。
- 測定の際、タワーに近づくときは、十分注意すること。少しでも風が起こると、チームの力作が崩壊してしまいます！

### バリエーション
- テープを回収してから、ホチキスを支給して2回目のタワーづくりを行ってみましょう。変化によって結果が良くなるのか悪くなるのかは、ときにはっきりと予測できないものです。
- 支給するカードの枚数を増やすか、サイズの大きいカードを何枚か支給して3回目のタワーづくりを行ってみましょう。条件によっては、逆に良い結果をもたらすときもあります。

## 36 リメイク

# 写真をばらばらに切り、新しい絵をつくるゲーム

**目的** 古いものから新しいものや良いものが生まれる変化の過程を体験する

**手順**
1. 各メンバーに写真を1枚選んでもらう。
2. 各メンバーは写真を切って元の写真が分からなくなるくらい小さな断片にする。
3. その断片を使ってコラージュをつくる時間を10分間与える。
4. コラージュを発表し合い、元の写真は何であったかを明かす。

# MAKEOVERS

人数：8人程度

### こんなときに
- 変化する中でも、創造性を発揮して解決策を講じる必要があるとき
- 変化をマイナス面でばかり捉える傾向があるとき

### 場所
作業できる机があるところ

### 用意するもの
A3程度の紙／雑誌の写真ページ／ハサミ／スティックのり／すべてを参加人数分

**メンバーへの質問**

「どんなコラージュをつくるか、どのようにして決めましたか？」
「コラージュを作成するという課題を出されたとき、どのように思いましたか？」
(「創造的な人間ではないので不安だった」「うまくできるか心配だった」など)
「そのような気持ちは、仕事で変化に直面したときの気持ちと似ていますか？」
「このゲームは、実際の仕事とどのような関連があるでしょうか？」

**ゲームを成功させるコツ**

- さまざまな写真を用意します。サイズは大きいほどよいでしょう。
- どんなコラージュをつくればよいかのアドバイスをしてはいけません。メンバーは苦心するでしょうが、あなたのヒントで作成するより、自分自身のアイディアで作成したほうが彼らのためになるからです。

**バリエーション**

- 雑誌の写真ページの代わりに、見出しなどの太字の文字を使ってみましょう。文字を切り取り、その文字を使って新しいメッセージを作成させます。または、長めのフレーズを使って、文字を切り取るのではなく単語を切り取り、脅迫状のように（！）順序を並べ替えます。
- コラージュのテーマを指定して、変化への対応、チームワーク、聞く力、品質などをテーマにすることもできます。

CHAPTER 6　変化に負けないチームをつくるゲーム

# 37 ナンバー

## 自分の番号を指示されたときに他の番号を反射的に答えるゲーム

**目的** 速いペースの変化に対処することを学ぶ

**手順**

1. メンバーをU字型に整列させる。
2. 各自が自分の番号が分かるように、端から順次番号を唱えさせる。
3. まず、あなたがだれかの番号を言う。
4. 呼ばれた人はすぐに別の人の番号を言う。
5. すぐに番号を言えなかったり、間違った番号(自分の番号またはチームに存在しない番号)を言う人が現れるまでこれをくり返す。
6. ミスをした人は列の終端に移動する。その人を含め、全員の番号を新しくする。
7. ゲームを再開する。

# NUMBERS

人数：10〜20人程度

### こんなときに
- チームが仕事で数多くの変化を経験しているとき
- 小さなミスは小さなミスでしかないと認識する必要があるとき

### 場所
全員が立った状態で動けるスペースが必要

### 用意するもの
なし

**メンバーへの質問**

「ミスをしたとき、どんな気持ちでしたか？」
（「がっかりした」「恥ずかしかった」など）
「他の人がミスしたとき、どんな気持ちでしたか？」
（「同情した」「自分ではなくてよかったと思った」「怒りや不満が湧いた」など）
「仕事で小さなミスをしたとき、私たちは通常どんな反応をしますか？」（変化が原因で小さなミスが発生することがあること、そのようなミスにとらわれるべきではないことを指摘する）
「自分の番号が頻繁に変わることをどう思いましたか？ 他の人が感じているプレッシャーを自分は感じていないとき、どんな気持ちでしたか？」
「このゲームは、実際の仕事とどのような関連があるでしょうか？」

**ゲームを成功させるコツ**

- ビートに乗って手をたたくことで、ペースを設定させましょう。ただし、その音が大きくて番号を言う声が聞き取れないときは、あなただけが手をたたくようにします。
- 全員が失敗しやすくなり、番号が頻繁に変わるようにペースを早めましょう。
- 列の先端にいる人を意図的にねらう人がいないかどうか観察します。感想会ではその理由をたずねます。私たちは成功を続ける人を見るのがいやなのでしょうか？

**バリエーション**

- ミスしたメンバーはおじぎをし、チームはそれに対して拍手します。小さなミスから学ぶことはとても有益なことだという意識を強化しましょう。
- 数字の代わりにアルファベットを使ってみましょう。

## 38 困った親指

# パズルを組み立てるルールが作業の途中で変更されるゲーム

**目的** 変化する理由があることの価値を知る

**手順**

1. メンバーを2〜4人のチームに分ける。
2. 各チームにパズルを渡す。
   チームはすべてのピースをバラバラにして、表を上にして机の上に置く。
3. チームがパズルを完成させるタイムを測定する。
4. さらに2回、パズルの組み立てをくり返す。
   チームは、完成タイムを短縮することを目指す。
5. ここで、親指を使うことを禁止する。親指がピースに触れるたびに
   チームの完成タイムに1分加算されることを伝える。
6. チームがパズルを完成させるタイムを測定する。
7. さらに2回、パズルの組み立てをくり返す。
8. 6回の組み立てが終わったら、タイムを比較して話し合う。

# PUZZLED THUMBS

人数：4人以上

### こんなときに
- 絶えず変化する状況でも、創造性を発揮して解決策を講じる必要があるとき
- チームが変化に抵抗しているとき

### 場所
作業できる机があるところ

### 用意するもの
子ども向けパズル（15〜25ピースのもの）／ストップウォッチや秒針のある時計

**メンバーへの質問**

「もし私が、『人間の親指だけに影響する発癌物質がピースの表面に含まれていることが判明したので、親指を使わないでください』と説明していたらどうでしたか？」
（「今ほどの怒りは感じなかったと思う」「警告してくれてよかった」など）
「実際の仕事で、変化についての情報があると、対処しやすくなりますか？」
「最後の3回をより効率的に行うには、どんなことをすればよかったでしょうか？」
（自分たちにできることと、あなたができることのどちらに意識が向いているかに注意する）
「このゲームは、実際の仕事とどのような関連があるでしょうか？」

**ゲームを成功させるコツ**

- 時計を見ながら、チームの完了タイムを告げます。
- 親指使用禁止のルールを発表した後、メンバーのコメントに耳を傾けます。「なんてばかげたルールだ…」などという声も聞こえるかもしれません。このようなコメントは、後の話し合いで大いに役立ちます。

**バリエーション**

- チームの半分に親指使用禁止の理由を説明し、半分には説明しないようにして、両者の態度とタイムの違いを比較してみましょう。
- 最初の3回の後、パズルを交換してみましょう。
- 目隠しをして組み立ててみましょう。その後、この変更で作業の進行がどう悪化したかを話し合います。変更の影響を最小限にするために、何ができるかたずねてみます。

CHAPTER 6　変化に負けないチームをつくるゲーム

## 39 不器用な手で描いた絵

# 普段ものを書くときに使わないほうの手で絵を描くゲーム

**目的** 変化に対する自分の反応を知り、
その反応は一般的で正常であることを認識する

**手順**
1 各メンバーに紙とペンを配布する。
2 職場にある物の絵を描く時間を6分間与える。
3 このときメンバーは普段ものを書くときに使わないほうの手で描かなければならない。
4 メンバーどうしで絵を交換させ、描かれていると思われる物の名前を書いて作成者に返す。

# WRONG-HANDED

人数：8人程度

### こんなときに
- 変化に対する自分の反応が正常であること、それを克服するには時間がかかることもあると理解する必要があるとき

**場所**
作業できる机があるところ

**用意するもの**
A3程度の紙とペンを参加人数分

### メンバーへの質問
「描いた物を正しく当てられた人はいますか？」
「利き手ではないほうの手を使うことをどのように思いましたか？」
（「やりにくかった」「混乱した」「思ったより悪くなかった」など）
「そのような気持ちは絵にどのように影響しましたか？」
（「余計不安定になった」「余計集中できなかった」など）
「そのような気持ちをどのように克服しましたか？」
（「強い意志で」「大丈夫だと自分に言い聞かせた」など）
「そのような気持ちは、私たちが経験している変化に関して持つ気持ちと似ていますか？」
「このゲームは、実際の仕事とどのような関連があるでしょうか？」

### ゲームを成功させるコツ
- 休憩室、会議室、食堂などに絵を貼り出し、メンバーがそれを見てこのゲームで学んだことを思い出せるようにしましょう。
- 芸術性には重点を置かず、メンバーが絵を描くのを嫌がらないようにしましょう。
- 絵を描くことをどうしても拒むメンバーには、物を描写する文（1文か2文）を書いてもらいましょう。

### バリエーション
- カラーペンや色鉛筆を使ってゲームに創造性を追加してみましょう。
- メンバーにペアをつくってもらい、交代で相手に物を言葉で説明します。説明を受けた人は、利き手ではないほうの手でそれを描きます。このバリエーションでは、変化への対処に加えてコミュニケーション・スキルにも重点が置かれます。

本書は2005年5月に小社より刊行された
『15分でできるチーム・ビルディング・ゲーム』
（原題"Quick team-building activities for busy managers"）を
改題・再編集したものです。

QUICK TEAM-BUILDING ACTIVITIES FOR BUSY MANAGERS-Second Edition
by Brian Cole Miller
Copyright © 2015 Brian Cole Miller
Published by AMACOM, a division of the American Management
Association, International, New York. All rights reserved.
Japanese translation published by arrangement with AMACOM,
a division of the American Management Association, International
through The English Agency(Japan)Ltd.

2人から100人でもできる！
# 15分でチームワークを高めるゲーム39

発行日　2015年4月20日　第1刷
　　　　2016年5月20日　第2刷

Author　ブライアン・コール・ミラー
Translator　富樫奈美子

Book Design (COVER)　小口翔平＋平山みな美（tobufune）
　　　　（本文デザイン＋DTP）　小林祐司
Illustration　泰間敬視
Publication　株式会社ディスカヴァー・トゥエンティワン
　　　　〒102-0093　東京都千代田区平河町 2-16-1 平河町森タワー 11F
　　　　TEL  03-3237-8321（代表）　FAX  03-3237-8323
　　　　http://www.d21.co.jp

Publisher　干場弓子
Editor　千葉正幸

Marketing Group
Staff　小田孝文　中澤泰宏　吉澤道子　井筒浩　小関勝則　千葉潤子　飯田智樹　佐藤昌幸
　　　谷口奈緒美　山中麻吏　西川なつか　古矢薫　米山健一　原大士　郭迪　松原史与志　蛯原昇
　　　安永智洋　鍋田匠伴　榊原僚　佐竹祐哉　廣内悠理　伊東佑真　梅本翔太　奥田千晶
　　　田中姫菜　橋本莉奈　川島理　倉田華　牧野類　渡辺基志　庄司知世　谷中卓
Assistant Staff　俵敬行　町田加奈子　丸山香織　小林里美　井澤徳子　藤井多穂子
　　　藤井かおり　葛目美枝子　竹内恵子　伊藤香　常徳すみ　イエン・サムハマ　鈴木洋子
　　　松下史　永井明日佳　片桐麻季　板野千広

Operation Group
Staff　松尾幸政　田中亜紀　中村郁子　福永友紀　杉田彰子　安達情未

Productive Group
Staff　藤田浩芳　原典宏　林秀樹　三谷祐一　石橋和佳　大山聡子　大竹朝子　堀部直人
　　　井上慎平　林拓馬　塔下太朗　松石悠　木下智尋　鄧佩妍　李瑋玲

Proofreader　鷗来堂
Printing　日経印刷株式会社

・定価はカバーに表示してあります。本書の無断転載・複写は、著作権法上での例外を除き禁じられています。
インターネット、モバイル等の電子メディアにおける無断転載ならびに第三者によるスキャンやデジタル
化もこれに準じます。
・乱丁・落丁本はお取り換えいたしますので、小社「不良品交換係」まで着払いにてお送りください。

ISBN978-4-7993-1658-0
©Discover 21, Inc., 2015, Printed in Japan.